OLIMPIADE

POLITIQUE

ET

MILITAIRE.

OLIMPIADE
POLITIQUE ET MILITAIRE
OU
MEMOIRES ET OBSERVATIONS

Sur les affaires de la République de Hollande en particulier & sur celles de l'Europe en général.

PENDANT

les quatre années 1784, 1785, 1786 & 1787.

Prævidere & prævenire.

TOME PREMIER.

M. DCC. LXXXVIII.

LETTRE

A L'EDITEUR.

La marche actuelle des événemens vous a donc rappellé, Monsieur, les Mémoires & les Lettres que je vous ai communiqués, il y a près d'un an; vous êtes frappé aujourd'hui de la justesse du pronostic, & vous êtes également étonné & du peu d'attention qu'on a donné à des avis aussi importans, & du peu de reconnoissance dont on a payé des services aussi essentiels. Permettez, Monsieur, que je n'entre en aucune explication sur ce dernier point; je connois trop la noblesse des sentimens des vertueux patriotes avec lesquels j'ai correspondu, pour leur imputer le tort que vous supposez qu'ils ont eu avec moi; s'il est vrai qu'ils se soient manqué à eux-mêmes, en n'honorant pas de marques aussi légitimement méritées de leur satisfaction, un zele qui pouvoit leur être aussi utile, je suis persuadé & j'aime à croire qu'ils n'ont que cédé à des circonstances impérieuses qui s'opposoient à leur bonne volonté; il me seroit sans doute plus facile de percer dans ces petites marches souterraines de l'intrigue & de la déférence, qu'il ne me l'a été d'annoncer d'avance la marche progressive des grands événemens qui sont au moment de fixer les regards de l'Europe; mais je me garderai bien de m'expofer aux reproches que je ne ceffe de faire à ces mêmes Républicains, pour avoir mis l'intérêt perfonel & particulier à côté de l'intérêt général. Qu'importe le fort individuel d'un homme, quand il eft queftion de la deftinée d'un grand Etat & d'une commotion dont les déplacemens qui en peuvent être les fuites, font de nature à intéreffer le globe entier & furtout notre hémifphere? C'eft fous cet afpect feulement, Monfieur, que la correfpondance que vous me demandez peut être réellement intéreffante; je ne me refufe point à votre demande, & je ne ferai pas affez fauffement modefte avec vous pour ne pas être avec quelque fatisfaction, au moins une fois en ma vie, jugé fur les faits, par un Public au-deffus des impulfions de la faveur & des preftiges de la prévention. Je voudrois pouvoir adopter votre idée fur la forte d'utilité dont pourra être la lecture de cette correfpondance aux gens en place & à portée de rectifier, par la fupériorité de leurs lumieres, les obfervations de l'homme même qui n'y eft pas; cette perfpective feroit certainement pour moi d'un prix encore au-deffus de celui que j'attache au jugement du public, mais à mon âge, on eft trop éclairé par l'expérience, pour fe livrer à des efpérances auffi tardives, & il y a déjà longtems que je fuis accoutumé à ne plus les regarder que comme des illufions.

C'eſt ſur cette conviction, Monſieur, que j'exige abſolument de n'être point nommé; les Lettres que j'ai écrites, les Mémoires que j'ai donnés, ſont bien certainement à moi ; je puis en diſpoſer, & à ce titre je vous laiſſe le maître d'en faire l'uſage que vous vous êtes propoſé. Les réponſes dont on m'a honoré, & les réflexions conſignées dans ces mêmes réponſes, ne ſont entre mes mains qu'un dépôt de confiance que je dois reſpecter. J'exige donc, Monſieur, encore plus ſévérement, que le nom des perſonnages reſpectables avec leſquels j'ai correſpondu, ne ſoit ni prononcé ni déſigné; leurs vues ſont pures & l'ont toujours été ; ils ont pu s'égarer ſur les moyens, & je crois qu'ils l'ont fait; mais l'erreur n'eſt pas venue d'eux ; & je craindrois d'être involontairement la cauſe que, dans le déſeſpoir de l'inutilité de tous les ſacrifices que la plus valeureuſe des bourgeoiſies auroit faits ſous leur direction pour le rétabliſſement ſi déſiré de la conſtitution primitive ; éclairée, comme elle le ſera par la publicité de ces Lettres & Mémoires, ſur ce qui auroit pu être ſi facilement exécuté, ſi on avoit profité des notions & des moyens qui y étoient indiqués, ne leur reprochât amérement d'avoir négligé la facilité qu'ils avoient de conſulter au moins ſur le remede le médecin, le ſeul qui leur expoſât auſſi nettement la cauſe, les progrès & la ſuite du mal. Je me flatte que ces reſpectables perſonnages, en liſant cette correſpondance, rendront juſtice à la pureté de mes intentions, comme ils l'ont certainement déjà rendue, quoiqu'un peu tard, à la juſteſſe de mes ſpéculations.

En vous conformant, Monſieur, aux deux clauſes que je prends la liberté de vous preſcrire, indépendamment de tout ce que je vous ai communiqué des différens mémoires & documens que j'ai remis tant dans l'affaire de l'*Eſcaut*, avant la convention de *Fontainebleau*, que ſur le ſujet actuel des diſſentions inteſtines de la République juſqu'à l'époque préſente, je m'engage ſaintement à vous faire paſſer, toutes les ſemaines, les réflexions politiques & militaires que la marche des événemens me mettra à portée de faire, & dont je crains plus que jamais, que les réſultats ne ſoient malheureuſement trop conformes à ce que j'en avois annoncé ſi inutilement dans un tems où il auroit été bien plus facile de prévenir que de prévoir. Je n'anticiperai point dans ce moment-ci ſur le danger imminent de cette exploſion générale annoncée dans le Mémoire du 8 Juillet 1785, qui eſt entre vos mains, & dans lequel les changemens arrivés depuis cette époque n'ont fait qu'ajouter au riſque où la République batave, quoique premiere victime, ne ſeroit cependant que la cauſe occaſionelle d'un bouleverſement encore plus intéreſſant pour l'Europe & même pour le globe entier; je me borne à en indiquer la poſſibilité, en déſirant ardemment que l'époque ou les événemens me forceroient de rappeller cette indication, n'arrive jamais.

Dans la position allarmante où je trouve la république, ne pensez pas cependant, M., même malgré la présence d'une armée formidable commandée par un Prince d'une réputation aussi justement méritée que M. le Duc régnant de Brunswik, que je regarde l'horoscope de la dissolution du nœud fédéral comme complettement rempli : ce qu'il étoit aisé à la République de faire, il y a dix mois, avec très peu de sang & d'argent, ne peut plus à la vérité se faire aujourd'hui qu'avec une grande profusion de l'un & de l'autre de ces moyens précieux; je le crois; mais je sais en même tems qu'il n'y a point d'obstacles au-dessus de la soif de la liberté dans des ames aussi énergiquement valeureuses que celle de la bourgeoisie batave : je vais même & je vois plus loin; c'est que du choc des circonstances, il peut encore résulter une réunion sincere des partis opposés, à l'aspect du danger *collectif*, & si la République étoit une fois rendue à cet élan de gloire vraiment patriotique, je ne doute pas qu'elle ne trouvât dans son sein tous les moyens de résister aux forces accumulées que l'ambition est au moment de réunir & de déployer contre elle.

Il n'est pas impossible que cette derniere réflexion, saisie par les Républicains des deux partis, qui liront cette correspondance, ne leur en fasse faire à eux-mêmes d'assez sérieuses pour les élever au-dessus de toutes les dissentions intestines dont ils déchirent respectivement le sein de leur mere commune; j'ose croire au moins qu'il n'y a aucun de ces Républicains qui, même en se refusant par une gloire mal-entendue à des sacrifices aussi dignes d'ames vraiment patriotiques, ne connoisse & ne sente au fond de de son cœur, que cette prompte réunion est le seul moyen qui leur reste pour conserver, en versant courageusement leur sang contre l'étranger, tel qu'il soit, qui veut leur donner la loi, la noblesse de l'indépendance que leurs peres ne leur ont acquise qu'au même prix.

LETTRE

à M. L. B. d***, *du 28 Août 1786.*

Monsieur, je n'ai l'honneur de vous connoître que par nombre de faits consignés dans les feuilles publiques, qui caractérisent en même tems l'élévation & la noble fermeté de votre ame patriotique. Peut-être mon nom ne vous sera-t-il pas entierement inconnu après la démarche que Messieurs de *B**** & de *G**** firent en Décembre 1784, sur un mémoire relatif aux circonstances de cette époque, que j'avois remis à Paris à M. de *B****, & que cet ambassadeur extraordinaire de la République leur avoit fait passer. Il est inutile d'entrer dans le détail des petits intérêts qui ont rendu alors mon zele & mes avis inutiles ; je pouvois être l'homme de la République, mais je n'étois pas celui du Ministere, & j'aurois tort de me plaindre d'avoir été sacrifié à l'esprit de condescendance, après tous les autres sacrifices bien plus importans qu'on a cru alors devoir lui faire. Je désire ardemment, Monsieur, m'être trompé sur les pronostics que j'ai tirés alors, & je souhaite bien sincérement que l'époque à laquelle la République en sentira toute l'importance, soit encore éloignée, & que les divisions intérieures du moment présent n'en précipitent pas l'accomplissement. C'est dans cette crainte, Monsieur, que j'adresse à l'homme d'Etat que je crois le plus capable de juger &, suivant les circonstances, d'exécuter, quelques réflexions relatives à un Mémoire que je remis, il y a quinze mois, à M. de B***, & qui a été négligé, ainsi que tous ceux que mon zele pour la plus juste des causes m'avoit suggérés. C'est sans aucune vue d'intérêt particulier & personel que je fais cette démarche ; elle est de ma part le tribut le plus pur de ma haute estime. Lorsque je confiai avec plus d'extension ces mêmes idées à Monsieur de *B****, il pouvoit être question de mener ces mêmes Corps à la guerre, & j'avoue que j'aurois été infiniment flatté de me voir à la tête d'une milice aussi brave & aussi distinguée. Aujourd'hui que je juge qu'il eſt beaucoup plus eſſentiel de régler leurs mouvemens pour la paix que pour la guerre, je ſens que le citoyen ſage, prudent & éclairé, eſt un guide plus ſûr à leur donner qu'un militaire expérimenté.

J'ai l'honneur d'être, &c.

Mémoire joint à la lettre précédente.

Les réſolutions violentes priſes par les Etats de Gueldres, & l'exécution qui s'en eſt ſuivie par l'ordre du Capitaine-Général, feroient un grand mal dans une République dont l'union fait la principale force, quand ce mal ne ſeroit que local; mais en conſidérant que cet eſprit de diſſention entre les bourgeoiſies & les Régences, eſt de nature à ſe propager avec rapidité dans toutes les villes de l'union, & que les mêmes prétentions peuvent être formées au même titre & dans le même eſprit par toutes les différentes bourgeoiſies des Sept Provinces, on ne peut s'empêcher de ſentir combien il eſt inſtant non ſeulement au bonheur de la République, mais même au maintien de ſa conſtitution, de prévenir par le remede le plus prompt, les progrès d'un mal dont les réſultats peuvent être ſi funeſtes. Quel peut être ce remede? c'eſt là le grand objet ſur lequel il importe de ſe fixer. Toutes meſures lentes & palliatives ſont évidemment inſuffiſantes; toutes démarches violentes ſont évidemment dangereuſes. Les premieres pourront peut-être ſuſpendre les coups pendant quelque tems, mais ce ne ſera que pour les rendre plus funeſtes ; les ſecondes, ſoit qu'elles ſe bornent à l'emploi des forces intérieures d'une province contre l'autre, ſoit qu'on y appelle des troupes étrangeres, ſeront néceſſairement ſuivies des plus grands inconvéniens par la part progreſſive que, ſoit à titre de prétention, ſoit à titre de protection, les Puiſſances voiſines ne manqueront pas d'y prendre. Tous les reſſorts que peuvent faire jouer pendant la durée de ces troubles inteſtins, l'intérêt perſonel, la paſſion, la vengeance & l'animoſité, ajouteront encore de nouveaux obſtacles ; ſous tel aſpect qu'on enviſage les réſultats à prévoir, on n'a que des ſujets de craindre un événement qui peut aller juſqu'à rompre le nœud de la confédération qui ſubſiſte depuis un ſiecle & demi avec tant de proſpérité & de gloire.

Dans le cercle de tous ces inconvéniens, il paroît que ce n'eſt qu'en ne ſe laiſſant pas aveugler ſur la cauſe réelle du mal qu'on pourra déterminer le remede : en rejettant actuellement cette cauſe ſur l'ambition déméſurée du parti ſtathoudérien, & d'un autre côté ſur celle du parti démocratique, on confondra des deux côtés l'uſage que les uns & les autres chercheront à faire des circonſtances pour les tourner à l'avantage de leurs vues perſonnelles, avec la véritable cauſe des troubles actuels qui, ſi on n'y remédie pas promptement, ameneront infailliblement tous les autres. La bourgeoisie a été armée contre un ennemi étranger; la paix a rendu pour quelque tems cet armement inutile, mais il a donné à cette même bourgeoisie armée le sentiment de sa force, & l'a mis dans le cas de réclamer par cette raison les prétentions de sa constitution primitive, & elle a exigé à proportion de ce qu'elle s'est crue en état de se faire rendre. Peut-être eût-il été plus sage, au moment même où on lui mettoit les armes à la main, de prévoir l'usage qu'elle en pourroit faire un jour, & de s'assurer le moyen de déterminer ses résolutions & de régler ses mouvemens relativement au bien public, d'après le jugement des véritables chefs, qui veillent à la tranquillité & à la prospérité de la République; on a cru dans le tems qu'il n'y avoit point de moyen plus sûr pour parvenir à ce but, que de partager avec la bourgeoisie l'espece de formation militaire qu'on l'avoit portée à prendre, & qu'il convenoit à cet effet que chacun de MM. les Bourgmestres Régens fût colonel honoraire du Corps bourgeois formé dans sa ville; cette idée a été soumise dans un mémoire confident à M. de B** dès le mois de Juin 1785, en appuyant sur l'avantage qu'auroit ce plan de formation sur celui qu'on avoit adopté, non seulement en cas de guerre, mais même & surtout en tems de paix. Les sacrifices auxquels on étoit déjà résolu pour obtenir la paix, l'esprit d'économie, les difficultés qu'on prévoyoit dans l'exécution, ſans chercher les moyens de les ſurmonter, & peut-être encore d'autres motifs perſonels & particuliers qu'on ne ſe permet pas de pénétrer, ont empêché qu'on ne fît toute l'attention qu'on auroit dû, à cet acte réfléchi d'un zele qu'on croit encore avoir été auſſi éclairé qu'on eſt aſſuré qu'il étoit pur : ce qu'on n'a pas fait alors paroît être la ſeule choſe qu'il y ait à faire aujourd'hui, & on ne croit pas que la République puiſſe éviter, ou d'être la victime de ſes propres diſſentions, ou la proie de l'ambition étrangere, ſi on ne parvient pas à réunir, avant tout, le Corps eſſentiel de la nation, en réuniſſant le vœu des bourgeoiſies & de leurs Régences, de façon que le premier Bourgmeſtre d'une ville, ſoit le véritable Colonel de ſon Corps de bourgeois, & qu'à ce titre militaire il puiſſe s'aſſurer d'une obéiſſance prompte & entiere que ces mêmes bourgeois ne lui rendroient pas dans ſa ſeule dignité civile, quoique chef de la magiſtrature. Ce n'eſt en un mot qu'en partageant la formation & les efforts de la bourgeoiſie, qu'on peut parvenir à les régler, & ce n'eſt qu'en les réglant qu'on triomphera de tous les obſtacles qui peuvent s'élever contre le déſir vraiment patriotique d'aſſurer la proſpérité, la tranquillité & la ſouveraineté de la plus floriſſante des Républiques.

MEMOIRE

Envoyé à M. de L. B. d***, *le 12 Septembre 1786.*

L'unité d'intérêt a fondé la République, la diverſité d'intérêt eſt au moment de la perdre.

Les forces de ſept Provinces combinées & dirigées vers un objet commun, ont obligé la plus puiſſante & la plus vaine des monarchies à reconnoître l'indépendance & la ſouveraineté dont elles jouiſſent avec gloire depuis un ſiecle & demi. Ces mêmes forces aujourd'hui diviſées entr'elles & dirigées ſur des objets perſonels & particuliers, n'auront avant peu pour protéger & aſſurer l'intérêt collectif de leur confédération, que la jalouſie reſpective des Puiſſances dont l'ambition pourroit menacer quelques-unes de leurs poſſeſſions.

La Pologne enveloppée de trois grandes Puiſſances oppoſées de ſyſtême & d'intérêt, avoit les mêmes motifs de confiance. Elle avoit de plus l'engagement ſolemnel & reſpectif que ces mêmes puiſſances avoient pris à la face des nations, de lui conſerver l'intégrité abſolue de tous ſes domaines, tels qu'elle les poſſédoit à la mort de ſon dernier Roi. Les ſuites funeſtes de cette ſécurité & des troubles intérieurs dont elle ſe déchira pendant l'interregne, ſont encore trop près de nous, pour qu'un véritable patriote, en s'en rappellant l'époque, ne s'allarme pas ſur la parité du danger en voyant celle de la poſition.

La richeſſe des ceſſions qu'on auroit reſpectivement à ſe faire, le prix particulier que l'ambition peut attacher à une invaſion de cette nature, par une ſuite de cette paſſion de commerce maritime, ſi dominante aujourd'hui dans tous les cabinets, l'eſpece de titre que cette même ambition peut ſe faire d'un exemple déjà donné, enfin la facilité que la politique moderne trouveroit à colorer une injuſtice auſſi évidente, en l'expoſant comme un arrangement indiſpenſablement néceſſaire pour prévenir ou arrêter l'embraſement général de l'Europe, ne ſont pas des conſidérations propres à tranquilliſer le patriote prévoyant ſur les ſuites des diviſions dont il gémit.

Les vues de l'Empereur, comme Duc de Brabant, ont été trop à découvert dans l'affaire de l'Eſcaut, pour qu'on s'aveugle ſur celles que ce Prince conſerve, ou du moins peut conſerver ſur l'uſage de ce fleuve.

Il eſt facile de calculer celles du Roi de Pruſſe ſur ſon intérêt de contiguité & de convenance, indépendamment de ſes liaiſons de conſanguinité avec la Maiſon ſtathoudérienne.

(Note du 6 Septembre 1787. *Quand on voit quarante mille Prussiens, commandés par un Prince dont la gloire a déjà fixé aussi avantageusement la réputation, au moment de s'établir entre le Rhin & la Meuse, en même tems que 50,000 Autrichiens complettement armés en guerre, conduisant avec eux un attirail de pontons & un train de grosse artillerie de cent vingt-quatre pieces de calibre, sans compter deux pieces de 12 livres de balles, & quatre de 6 liv. attachées à chaque régiment, sont en pleine marche pour se porter entre la Meuse & l'Escaut, on a bien de la peine à se défendre de l'idée de concert & d'intelligence qu'inspire nécessairement à tout homme de guerre réfléchissant, la contiguité de deux Corps de troupes aussi proportionnellement considérables, presque sur le même rayon d'un cercle aussi étroit.*

En observant qu'une grande partie des achats pour la subsistance des deux armées, se fait paisiblement dans les mêmes lieux, que les grains & les fourages descendent également pour l'une & pour l'autre le Mein, le Necker & le Rhin; que lorsque ces deux armées seront rendues au point de leurs emplacemens projettés, elles auront, au moins en partie, les communications communes avec leurs derrieres, il est bien difficile de ne leur pas soupçonner un objet commun à l'aspect de tous ces moyens simultanés; si on se demande de bonne foi, sur un soupçon aussi légitimement fondé, quel peut être cet objet: quelle réponse aura-t-on à se faire, si ce n'est pas celle qu'on pressentoit à l'époque du Mémoire du 12 Septembre 1786; il y a un an?

L'Empereur annonce publiquement son indignation de l'insurgence de ses sujets flamands, & le Roi de Prusse son ressentiment de l'offense faite à Mad. la Princesse de Nassau.

On convient qu'il importe effectivement dans ce moment-ci à Joseph II, *d'en imposer par la force à des sujets exigeans, qui osent opposer avec l'ancienne fierté belgique, aux réglemens & établissemens prescrits par l'autorité souveraine, une résistance opiniâtre fondée sur les priviléges constitutionels qui leur sont réservés par le pacte inaugural & dont ils ne paroissent pas jusqu'à présent trop disposés à se départir; mais une surabondance aussi marquée de moyens violens pour rétablir un calme également désirable pour le maître & pour les sujets, n'annonce-t-elle pas un objet ultérieur d'une espece différente? Le Prince qui a revendiqué en Pologne des prétentions prescrites & surannées, du chef de* Podiebraz, *Roi de Bohême, ne pourroit-il pas dans une circonstance favorable & à peu près pareille, être tenté de rappeller sur la République des prétentions d'une date moins éloignée, du chef de la branche espagnole de sa Maison? Et qui sait jusqu'où peut s'étendre & où doit s'arrêter ce goût utile des recouvremens?*

On ne nie pas que S. M. Prussienne n'ait été fort sensible à la nature des obstacles qui ont barré le voyage que son auguste sœur s'étoit proposée de faire à la Haye, & on conçoit aisément que ce motif a dû être celui qu'on a exprimé de préférence dans le manifeste sur lequel on a fait avancer une armée formidable sur les frontieres de la Gueldre hollandoise. La vengeance est toujours un sentiment plus noble à annoncer que celui de la convenance & de l'intérêt. Mais si on rapproche de ce mot si apparent les dates de l'envoi du Colonel de Gœsau à Londres, dans le moment même de celui du Comte de Gœrtz *à la Haye, qu'on compare ce envoi avec l'annonce que fit* Georges III *à son parlement, avant de le séparer, sur les suites possibles des troubles de la République; si on se rappelle surtout que les ordres du Roi de Prusse ont été envoyés au Général de* Gaudy *& aux régimens du Généralat de Westphalie, les derniers jours d'Avril ou les deux premiers de mai, que c'est à cette même époque que le commandement en chef a été destiné à M. le Duc régnant de Brunswick, ainsi qu'il étoit annoncé par une lettre de l'auteur du Mémoire en date du 6 du même mois de Mai, conçue en ces termes:*

„ Ce ne sont plus, Monsieur, des rai-
„ sonnemens ni des conjectures, mais une
„ confirmation réelle de ceux & de celles
„ que j'ai eu l'honneur de vous communi-
„ quer depuis six mois; vraisemblablement
„ au moment que je vous écris, vous aurez
„ reçu plus directement la même nouvelle;
„ mais je la tiens ici, moi, d'origine, par
„ quelqu'un de sûr qui étoit encore avant-
„ hier à Hildesheim, & qui a vu de ses
„ yeux la lettre d'un Ministre prussien à
„ un ami particulier, dans laquelle il y a ce
„ passage: *Malgré tout ce qu'on a pu dire &*
„ *faire, il est décidé que les affaires de Hollande*
„ *nous feront tirer l'épée; cela ne peut plus*
„ *s'éviter.*

„ Le

„ Le même homme a ſu poſitivement „ que le même jour que les ordres ſont „ partis pour le Général de *Gaudy* & „ pour les Corps de Weſtphalie, il a été „ expédié un courier à M. le Duc régnant „ de Brunſwick qui, une demi-heure après, „ avoit pris la route de Berlin, où ce Prince „ avoit eu pluſieurs entretiens particuliers „ avec le Roi, & étoit reparti immédiate- „ ment après pour ſa réſidence, ſans que „ rien eût tranſpiré ſur l'objet de ſon arri- „ vée ni ſur celui de ſes conférences avec „ le Monarque; mais mon ami qui connoît „ parfaitement le Général de *Gaudy*, croit „ que le commandement de ce Corps ne „ lui a été donné qu'*ad interim*, & que le „ véritable Commandant en chef ſera le „ Duc régnant de Brunſwick.

„ Il m'a parlé de 12 régimens entre leſ- „ quels il m'a nommé Salemon & Wolffers- „ dorff, infanterie, avec Rohr, cavalerie. „ Les premieres brigades d'artillerie ſe- „ ront tirées de Weſel & de Cleves; les „ régimens qui forment les garniſons de „ ces places, ſe porteront au premier „ mouvement par Emmerich & Rhées ſur „ Arnhem.

„ J'ai cru, Monſieur, que ces détails „ étoient aſſez intéreſſans à la direction „ des meſures qu'on a déjà priſes chez „ vous, ou qu'on ſe propoſe de prendre, „ pour vous les faire parvenir par la mê- „ me voie que mes lettres précédentes, & „ j'envoie à cet effet un exprès à . . . dont

„ je suis actuellement éloigné de douze
„ lieues; l'état & les relations de l'homme
„ sur la parole duquel je vous écris tout
„ ceci, méritent la plus grande attention;
„ je serai de retour, le 14, & dans le cas
„ où vous croiriez avoir quelque chose à
„ m'écrire de relatif à ce que je vous mar-
„ que, mon adresse sera toujours la même.
„ J'ai l'honneur d'être, Monsieur, &c. „

Il est évident, je crois que toutes ces mesures déjà prises au 6 de Mai, devoient avoir un autre objet que celui de venger une offense qui n'a eu lieu que deux mois après. La satisfaction avec laquelle Frédéric II *s'est complu dans ses dernieres dispositions testamentaires, à citer son acquisition de la Prusse occidentale, est un exemple dangereux pour un successeur qui, avec le noble & juste désir de l'égaler, a déjà acquis le droit de compter sur ses propres talens pour y parvenir : Que les gens de guerre le jugent d'avance sur ce qu'il pourra faire, par ce qu'il a fait à la retraite de Trautenau.*

La saine politique a prescrit dans tous les tems de calculer bien moins sur les promesses des Princes, que sur leur intérêt, & il sera toujours prudent, malgré leurs engagemens même les plus solemnels, de s'armer de précaution contre tout ce qui leur sera possible. La justice est sans doute, dans l'ordre moral, la premiere vertu des Rois; mais il est un âge dans la vie où la gloire ne laisse que la seconde place à l'équité, & Joseph II *ainsi que* Frédéric Guillaume *sont précisément à cette époque climatérique. Tant que les grands moyens dont l'un & l'autre peuvent disposer, se balancent respectivement, cette opposition est l'égide de la tranquillité & de la sureté publique; au moment où ces Puissances se rapprochent & paroissent se concerter, c'est le signal d'allarme qu'il convient d'entendre; non pour en être effrayé ou abattu, (il est des nations qui, dans aucun cas, ne doivent jamais douter de leur ressort & de leur énergie,) mais pour prendre à tems les mesures les plus convenables pour donner à cette énergie l'occasion de se déployer avantageusement. La Hollande est menacée, & la Hollande peut n'être qu'un pont; c'est la tête de ce pont qu'il faut défendre contre l'ennemi; c'étoit peut-être là qu'il falloit le gagner de vîtesse, ou plutôt, par un emploi facile, il y a huit ou dix mois, des moyens que la partie patriotique de la République avoit à sa disposition, opérer, par un acte éclatant de vigueur sagement médité & vivement exécuté, la réunion (de gré ou de force) de tout ce qui étoit armé dans la République, sous la même banniere, & surtout prévenir, par cette union au moins apparente, celle que l'ambition peut avoir formée, & qui, si elle existe, ne l'a été qu'à la faveur d'un déchirement aussi propre à assurer le succès d'une invasion concertée.)*

Il reste à la vérité à la République dans la perspective des suites possibles de ses dissentions actuelles, la juste confiance qu'elle peut mettre dans l'intérêt que la France prendra à sa conservation, & pour elle-même & en vertu des engagemens pris par cette Puissance dans son dernier traité.

On eſt aſſurément bien éloigné d'élever le plus léger ſoupçon ſur la ſincérité de toutes les promeſſes faites au nom du Roi, & ſur la ſcrupuleuſe exactitude avec laquelle toutes les clauſes du Traité ſeront remplies dans l'occaſion ; mais on obſerve en même tems que c'eſt aux ſept Provinces-Unies que la France s'eſt engagée, & que ces ſept Provinces n'ayant plus aujourd'hui le même vœu, il peut être embarraſſant pour un miniſtere circonſpect de réſoudre cette difficulté.

On ne ſe permet pas de ſuivre cette réflexion & moins encore de prévenir celles qu'un patriote éclairé ne manquera pas d'y joindre de lui-même, ſur l'influence dominante de cet eſprit de conciliation qui va toujours à n'éviter un grand mal que par un moindre, qui regarde toujours le mal du moment comme le plus grand, & qui, par une ſuite de cette eſpece de principe infiniment dangereux en politique, s'eſt plié à la ceſſion de la Crimée ſur la Mer noire & à celle de Lillo ſur l'Eſcaut.

Quelle que puiſſe être la cauſe réelle des diſſentions, ſoit qu'on la reſtreigne aux prétentions des bourgeoiſies ſur les Régences, ſoit qu'on l'étende juſqu'à l'uſage que les deux partis cherchent à faire de ces diſpoſitions pour les tourner à l'avantage de la cauſe qu'ils ſoutiennent, il n'en eſt pas moins certain que de l'état des eſprits & des choſes, il en eſt réſulté d'abord une rivalité fâcheuſe entre les troupes régulieres & ces compagnies bourgeoiſes, partie ſi eſſentielle du Corps national, dont elles feroient la force principale, ſi elles étoient armées, dirigées & employées comme elles pourroient l'être. (*)

De telle façon que ſe vuide cette querelle entre deux Corps qui ont les armes à la main, le réſultat en ſera toujours au détriment de la force collective.

La nouvelle ſciſſion qui s'en eſt ſuivie par l'oppoſition d'une partie des troupes régulieres contre l'autre, entraînera après elle des malheurs encore plus grands, par la néceſſité où ſe trouvera l'eſprit de parti qui les fait marcher, d'appeller l'étranger pour les ſoutenir & les *contenir*; on ſe ſert de cette derniere expreſſion de contenir, pour indiquer dès ce moment-ci de quelle conſéquence pourra être cette prédilection intérieure que tout militaire conſervera au fond du cœur pour le Prince dont il a pris l'attache, & que le Corps entier de la confédération lui a donné pour chef immédiat avec les pouvoirs les plus étendus; il n'y auroit, *il n'y a* qu'une parfaite unanimité de tous les ordres de la nation qui puiſſe

(*) Ceci eſt relatif à un plan de formation propoſé par l'auteur du Mémoire, & remis à la Haye à M. d**, le 29 Juin 1785. La brave bourgeoiſie pour laquelle il avoit été fait, le lira dans cette Correſpondance, & elle le jugera, d'après ſon propre cœur, ſur les dégrés de convenance qu'elle y remarquera avec la fierté de ſon génie.

prévaloir ſur un ſentiment auſſi naturel, & il n'eſt pas vraiſemblable que la ſimple majorité le faſſe, ſurtout tant que la voix du peuple aura beſoin d'être étouffée par l'autorité, pour ne pas manifeſter des ſentimens qui, pour être contraints, n'en ſont peut-être intérieurement que plus vifs. Juſqu'où peut donc aller la confiance du Général qui commandera ces troupes, s'il doit les mener combattre comme ennemi, celui qui a été leur Capitaine-Général, qui l'eſt encore pour une partie de l'armée, & qui doit finalement le redevenir pour tous, en vertu de la ſanction légale qui a fait de ſa dignité, non ſeulement ſon patrimoine, mais même celui de toute ſa deſcendance?

On ne prévoit pas que ces diſpoſitions morales des troupes aillent juſqu'à cauſer une défection générale des Corps, mais on ne peut s'empêcher d'en prévoir une partielle très conſidérable, & d'un exemple infiniment dangereux pour la fidélité & les ſervices de ce qui reſtera au drapeau. (*)

Pour fixer ſes idées ſur les ſuites poſſibles de cette funeſte levée de bouclier, il importeroit de jetter un coup-d'œil un peu réfléchi ſur l'état de fermentation dans lequel le Roi de Pruſſe vient en mourant

---

(*) Vérifié, il y a quelques mois, par la déſertion d'une grande partie des régimens formant le cordon aux ordres du Général *Van-Ryſſel*. On n'oſe prévoir dans ce moment-ci ce qui peut arriver au premier ſuccès d'une armée Boruſſo-ſtathoudérienne.

de laisser l'Europe, & sur le nouveau dégré d'activité que cet événement, tout prévu qu'il ait été, ne peut manquer d'ajouter à cette fermentation générale; on sentira tout le poids de cette réflexion, en considérant qu'à dater de la paix de Teschen, le feu Roi de Prusse a paru regarder toute la gloire de sa vie militaire, comme un trésor acquis, qu'il n'étoit plus question pour lui que de conserver, & qu'il n'auroit certainement exposé aux hasards d'une nouvelle guerre qu'à son cœur bien défendant. La ligue germanique dont ce Prince a été le promoteur, il y a un an, est une preuve sans doute des ressources de son génie, mais elle est en même tems l'indice des dispositions où étoit ce grand Prince, à la fin de sa carriere, de mettre en négociation ce que vingt ans auparavant il auroit décidé avec l'épée. Ce trésor de réputation acquis à *Frédéric II*, est à acquérir pour *Frédéric Guillaume*, & le désir d'occuper de lui la renommée, est d'autant plus naturel à un Prince dans la vigueur de l'âge & dans la saison de la vie la plus faite pour les élans de la gloire, qu'il se voit soutenu dans cette carriere par les plus grands moyens en tout genre, & peut-être encore plus par le sentiment de ses propres talens, & qu'à la rivalité de puissance, il n'est pas impossible qu'il ne s'en joigne une personnelle, d'un caractere encore plus stimulant. Et ce jeune Monarque est Duc de Gueldres, maître de Cleves & de Wesel, beau-frere de ce Stathouder devenu aujourd'hui l'ennemi de cette république de laquelle il tient des charges éminentes, non seulement héréditaires aux Princes ses fils, mais même transmissibles sur la tête des Princesses ses filles, dans les Maisons où elles prendront des alliances, & dont il importe conséquemment aux Maisons Royales de Prusse & d'Angleterre qui en ont la premiere expectative, de conserver l'intégrité. (*)

Si on ajoute à ce motif qui n'est que personel pour le Roi d'Angleterre & pour la branche de Lunebourg, la jalousie & le ressentiment que conserve le cabinet de Saint-James de l'alliance de la France avec les Etats-Généraux, l'inquiétude que lui causent (quoi qu'on en dise à Londres) le progrès des travaux de Cherbourg, les mouvemens de Tippo dans l'Inde, le rétablissement de Pondichery, l'extension qu'on cherche à donner au commerce d'Afrique &c. &c. &c., on peut présumer d'avance le parti final que prendra ce même cabinet, en embrassant la cause opposée au vœu de la Puissance rivale. Cette observation ac-

(*) On croit avoir droit de présumer que cette considération a été le motif réel de l'envoi du Colonel de *Gœsau* à Londres, & que dès cette époque les deux Maisons de Prusse & de Hanovre se sont entendues, unies & concertées, en attendant l'adhésion de l'Angleterre même sur laquelle il ne paroît pas qu'on ait pu avoir des doutes à la lecture de ce qui est exprimé dans le paragraphe suivant.

quiert un nouveau dégré de force en pensant que l'espece d'éloignement personel qui s'opposoit à toute confiance réelle entre *Georges III* & *Frédéric II*, pourroit être remplacée depuis l'avénement de *Frédéric Guillaume* au trône, par des sentimens d'un tout autre genre, & il y a déjà quelques indices assez marquans pour le faire croire.

C'est ainsi qu'une étincelle tombée du flambeau que la discorde agite dans l'intérieur des Provinces qui ne sont plus unies que de nom, peut porter le feu dans les deux mondes.

Mais sans anticiper sur cette époque (qui pourroit cependant n'être pas fort éloignée,) revenons au point actuel pour juger si effectivement un intérêt local qui au premier coup d'œil paroît concentré entre le Rhin, la Meuse & l'Escaut, peut & doit à la fin embrasser une étendue aussi vaste qu'on vient de le dire.

Les troupes de la Province d'Hollande marcheront par leur gauche pour couvrir leurs frontieres, donner confiance aux bourgeoisies, protéger Utrecht, & enfin s'opposer au Corps stathoudérien, national ou étranger. (*)

Quelles seront les résolutions de la Zélande ? (**)

(*) C'est ce qui a été fait & spécialement par les mêmes motifs.

(**) Le parti d'opposition ouvertement embrassé par cette province, les démarches qu'elles a faites vis à vis

Si on dégarnit les places de la généralité, qui en remplacera les garnisons?

Seront-ce des troupes françoises? Cette destination (si elle doit avoir lieu) se fera-t-elle du consentement du Gouvernement de Bruxelles?

L'Empereur les agréeroit-il contre les réclamations de la Cour de Londres?

N'y auroit-il pas à craindre que ce Prince ne se proposât lui-même pour être le gardien de ces mêmes places, & qu'il n'appuyât cette proposition de l'importance dont il pourroit être pour lui qu'elles ne fussent pas exposées à passer, par une suite des événemens de la guerre, entre les mains d'un ennemi qui d'un jour à l'autre peut devenir le sien?

En acceptant cette proposition, qu'en arriveroit-il? En la refusant, qu'en pourroit-il arriver?

Et quand les choses n'en viendroient pas à ce point, pourra-t-on s'étonner ou se plaindre si ce prince, sous le prétexte spécieux de mettre son territoire à couvert de toute espece de violation, fait passer un corps considérable de ses troupes dans la Flandre autrichienne, pour remplir cet objet? Quel sera, ou du moins, quel pourra

---

de l'Angleterre, les avis qu'elle a ouverts aux Etats-Généraux &c. &c. &c., ont vérifié la prévoyance de la question qu'on donnoit à méditer au vertueux & noble patriote auquel ce mémoire, du 12 Septembre 1786, étoit adressé.

être dans un moment favorable au ſuccès des vues étendues de ce Prince, l'emploi réel de ces troupes? Ne ſeroit-il pas de la prudence de le calculer & de le prévoir dès aujourd'hui, ſur l'uſage qu'il s'étoit propoſé de faire, il y a dix-huit mois, d'un ſemblable moyen?

(Note du 7 Septembre 1787. *Des circonſtances étrangeres à ce qu'on prévoyoit, il y a un an, ſont marcher dans ce moment-ci cinquante mille Autrichiens, qui, réunis au corps commandé par le Comte de* Murray, *formeront à l'Empereur dans ſes Pays-Bas une armée de ſoixante mille hommes effectifs. Il y auroit à l'auteur du Mémoire une préſomption ridicule à tirer avantage d'un événement qu'il n'avoit certainement pas prévu, mais ce même événement n'en ajoute pas moins à la poſſibilité d'exécution de la choſe prévue; cette armée, de telle façon que les choſes s'arrangent avec le peuple flamand, ſera ſur les lieux & à portée d'y exécuter l'ordre de ſon maître, pour effectuer tout ce qui pourra ramener plus promptement & conſolider efficacement l'union du ſouverain & des ſujets. Il ne peut être pour* Joſeph II *d'autre objet de conquête vis-à-vis de ſon peuple Belgique, que celui de leurs cœurs; & quel moyen plus propre à cicatriſer toutes les piqûres qu'a pu faire la violation de quelques priviléges réſervés par la* Joyeuſe-Entrée, *que le baume ſalutaire de la libre jouiſſance de l'Eſcaut & de la pleine communication de ce fleuve à la mer? En faiſant entrer cet acte de bienfaiſance dans les arrangemens d'un nouveau pacte entre le maî-*

tre & les sujets, ne seroit-il pas possible qu'on parvînt par ce moyen, pris sur des voisins hors d'état de s'y opposer par leur désunion, à infirmer dans le cœur reconnoissant de ces mêmes Flamands, les allarmes d'oppression auxquelles ils se sont livrés; & comment oseroient-ils encore prononcer ce mot d'oppression, après cet acte éclatant de bienfaisance?)

On se perd avec douleur dans le labyrinthe de ces différentes spéculations, & on ne voit qu'un seul fil pour en sortir; ce fil est la plus prompte réunion des ordres de l'Etat & des Provinces, par le sacrifice sincere de cette animosité respective qui a mis si indiscretement l'intérêt personel & particulier à la place de l'intérêt général. Si la simplicité efficace du moyen déjà indiqué dans la note qui accompagnoit la lettre du vingt-huit du mois dernier, pour opérer solidement la réunion des Régences & des Bourgeoisies, avoit besoin pour réussir, d'être préparée par la destitution de quelques-uns des chefs dont le nom seul enflamme l'animosité du parti opposé, il n'y auroit pas un instant à perdre pour en faire le sacrifice; si ce sont de véritables patriotes, ils se dévoueront d'eux-mêmes; si un prétendu honneur personel balançoit dans leurs ames l'amour & le besoin de la patrie, ils seroient dès lors indignes de la dénomination dont ils affectent de s'honorer; ce n'a été que par le faisceau des sept Fleches réunies, que la République a triomphé de tous les obstacles qu'elle avoit à ſurmonter pour ſe former ; ce n'eſt que par le même moyen qu'elle peut aujourd'hui ſe conſerver en ſe rendant impoſante à ſes ennemis & conſidérable à ſes alliés ; car il ne faut pas s'y tromper : Avec les réſolutions les plus franches & les plus magnanimes de la part du Roi, avec les vues les plus pures de ſon miniſtere, & même avec la plus nerveuſe efficacité des ſecours que la France fournira ; ſi l'effort principal ne vient pas de la République même, il y auroit plus que de l'indiſcrétion à faire fonds ſur ceux d'un allié, qui, quoique très puiſſant, peut être forcément déterminé, (même par une ſuite preſqu'inévitable des circonſtances qui réſulteront du parti qu'il aura pris dans la querelle de la République, & de l'exploſion générale que cette malheureuſe affaire occaſionnera vraiſemblablement,) à porter ailleurs pour ſa propre défenſe & celle de ſes poſſeſſions, la plus grande partie des troupes qu'il auroit deſtinées au ſoutien de ſon nouvel allié. En un mot : ce n'eſt qu'en comptant principalement ſur elle-même, que la République peut faire fonds ſur les autres ; cette aſſertion eſt d'une vérité trop frappante & trop impérieuſe en politique, pour avoir beſoin d'être diſcutée.

Tel parti que prenne ou paroiſſe prendre la Cour de Vienne dans les premiers momens, ſoit que *Joſeph* II ſe pare de ſa fidélité aux clauſes d'un Traité conclu ſous les auſpices & la médiation du Roi ſon beau-frere, ſoit qu'il ſaiſiſſe cet inſtant de troubles & d'embarras pour élever des doutes & former de nouvelles prétentions, en interprétant en ſa faveur quelques articles ambigus de la convention de Fontainebleau, ce Prince offrît-il ſa médiation dans la vue de s'en faire auprès de la République un titre de déférence, allât-il même juſqu'à offrir ſes troupes pour la défenſe du territoire républicain, on ne peut s'empêcher de regarder la confiance que la République prendroit en lui, comme quelque choſe de plus que de l'imprudence. Aux yeux de l'homme de guerre éclairé qui a dit la vérité (*), même aux yeux & au jugement de celui qui a eu apparemment quelques raiſons pour ſe refuſer à une évidence dont il eſt impoſſible qu'il n'ait pas été frappé, cette ceſſion de Lillo, ſi importante à la défenſe & à l'attaque des places du Brabant hollandois, n'eſt pas de nature à laiſſer de doute ſur l'uſage que ce Prince s'eſt propoſé d'en faire pour rendre à ſon port d'Anvers ſon ancienne célébrité, objet toujours privilégié & permanent de ſes ſpéculations. Que les vues de *Joſeph II*

(*) Dans différens mémoires qui feront tous partie de cette Collection, & ſpécialement dans celui qui fit au mois de Juillet 1785, le ſujet d'une conférence à la Haye à l'hôtel d'Amſterdam, avant la convention de Fontainebleau.

ſoient ouvertes ou cachées, la République doit prudemment toujours le regarder comme ſon principal ennemi *poſſible*; & ſi à ce titre, elle ceſſe d'être en garde contre lui, elle s'expoſera à être d'un inſtant à l'autre victime de ſa dangereuſe crédulité: content au fond du cœur de voir la France & la Pruſſe oppoſées de ſyſtême & de force, il eſt trop de l'intérêt de ce prince d'exciter cette méſintelligence, pour ne pas ſe prêter à tout ce qui peut l'augmenter & l'aigrir, mais quoiqu'il faſſe, c'eſt ſur l'*intention poſſible*, qu'il eſt d'une juſte prévoyance de le juger. On le repéte, l'Empereur allât-il juſqu'à propoſer de donner ſes troupes pour la défenſe de la République, on croit que ce ſeroit encore le cas de ſe rappeller le *timeo Danaos*, & de ſe conduire en conſéquence.

Plus un auſſi grand Prince annonce de vues, plus il déploie de talens, plus il montre d'activité, & plus il importe de le ſurveiller non ſeulement ſur ſes actions, mais même juſques ſur ſes arriere-penſées.

On ne ſauroit trop le redire, la République a en elle-même tous les moyens de défendre & même de réformer ſa conſtitution, au point de revenir contre les réglemens de 1674, & même contre tout ce qui a été ſanctionné à la révolution de 1747; mais ce n'eſt que dans une union réelle & ſincere de vues d'intérêt, de moyens & de forces qu'elle peut ſe flatter d'y parvenir. Plus de chose publique, si on continue à se livrer à la chose individuelle.

En admettant que la France regarde la cause & le vœu de la Province d'Hollande, comme la cause & le vœu de la confédération entiere; (cette supposition est gratuite, ou du moins elle peut d'un instant à l'autre le devenir (*);)

En admettant que tous les Corps à la solde particuliere de la Province de Hollande, fideles à leur Souverain & obéissant au chef qui leur sera donné, oublient que celui qu'ils vont combattre a été leur Capitaine-Général par le vœu de toute la confédération, & qu'il doit finalement le redevenir pour tous;

(*) Les objets traités dans l'assemblée des Notables, & les tristes révélations de M. de *Calonne* pourroient faire augurer à beaucoup de gens que dans un concours aussi multiplié d'embarras intérieurs, la France par des raisons économiques & forcées, se verroit obligée d'éviter, (fût-ce même en sacrifiant une partie de sa gloire & les intérêts de ses alliés,) les dépenses extraordinaires où l'entraînera nécessairement une nouvelle guerre, mais on est bien éloigné d'adopter ici cette façon de juger; peut-être est-ce au seul cri de guerre & de gloire qu'il est réservé au Souverain de lever tous les obstacles & de trouver toutes les ressources pour parer au passé & à l'avenir. Que cette réflexion mûrisse & s'étende dans la tête de l'homme supérieur qui veille actuellement aux destinées de cette monarchie, & on ne doute pas que ce trait de lumiere, après avoir échauffé son cœur, n'embrase celui de toute la nation.

On

(On sent tous les doutes qui s'élevent contre cette seconde supposition.) (*)

Si on admet en même tems qu'un Corps auxiliaire de douze ou quinze mille Prussiens bien commandés, & peut-être par le Roi lui-même, vienne se joindre sur l'Yssel au Prince stathouder (1), & qu'on consi-

(*) Ils ont été levés depuis, de façon à ne justifier que trop combien ils étoient fondés.

(Note du 7 Septembre 1787. *Ce n'est pas un corps de douze ou quinze mille auxiliaires, mais une armée de quarante mille hommes commandés par un prince dont la valeur éclatante & le talent éminent à la guerre ont été également admirés, & par ceux qu'il a servis, & par ceux qu'il a combattus, Et ce Prince est le chef d'une maison illustre entre les souveraines; Et cette maison est celle du Duc* Louis *de* Wolffenbuttel, *de cet ancien feld-maréchal, dont les griefs personels contre le parti patriotique exposés dans la déduction qu'en a faite le célébre* Schlœtzer, *n'ont pas laissé que de faire une grande sensation dans l'Empire, sensation telle, qu'il ne seroit pas étonnant qu'elle eût été un des véhicules de ce concert frappant, avec lequel toutes les Puissances d'Allemagne, de tous les ordres, semblent se préparer dans ce moment-ci à une explosion quelconque qui par l'uniformité des moyens, paroît annoncer au spéculateur attentif l'intérêt général de leur confédération entiere.*

On n'anticipera point ici sur les événemens qui

dere avec quelle facilité & quelle célérité ce Corps, s'il est insuffisant, pourroit être augmenté par un reversement des Généra-

---

peuvent résulter de ces dispositions menaçantes, au-delà de ce qui en a été indiqué dans la note de la page 14 de cette collection, et de ce qui avoit été annoncé dans une lettre du 2 de mars dernier qui se trouvera à la suite. On se borne simplement à faire observer, qu'indépendamment des mouvemens réels et simultanés des deux grandes armées Autrichienne et Prussienne, les troupes Bavaroises et Palatines, celles de Hesse, de Saxe, de Hanovre et de Brunswick sont actuellement prêtes à marcher au premier signal; Que cet ordre d'une marche prochaine (dont on ignore l'objet) est déjà désigné, et que ce n'est surement pas pour être respectivement opposées les unes aux autres. Il est certain qu'il y a eu des Traités de subsides sinon conclus, du moins négociés même avec les cours ecclésiastiques des bords du Rhin, à Mayence, à Cologne et à Treves; On se demande quel peut être le but d'une coalition aussi nombreuse de moyens imposans, quand on ne voit aucun ennemi contre lequel l'Empire réuni ait à les diriger.

On ne se permettra de se répondre que par une seule réminiscence; C'est en se mettant lui-même à la tête d'une confédération originairement formée contre lui, que le Roi régnant de Pologne est parvenu à la faire concourir à ses vues; on laisse au temps, qui dévoile toute vérité, à expliquer l'analogie de cette citation.)

ſats des Marches & de Magdebourg ſur celui de Weſtphalie, dans la proportion des ſecours que la France feroit paſſer à ſon alliée, on ſentira qu'alors la partie principalement intéreſſée, n'étant plus la partie principalement agiſſante & ne ſe trouvant à la fin en quelque façon, que le prête-nom de la grande querelle de deux Puiſſances du premier ordre, toutes les opérations feront néceſſairement ſubordonnées à l'intérêt dominant de la grande Puiſſance qui aura embraſſé la querelle de la République, &, ſans s'appeſantir ſur le détail de toutes les ſuites de ce nouvel ordre de choſes, lorſqu'il ſera queſtion d'approviſionemens, de fournitures & ſurtout de quartiers d'établiſſement ou de cantonnement les plus convenables à la ſureté militaire (ce qui ne peut que très difficilement avoir lieu ſans une violation quelconque des priviléges & des franchiſes d'une bourgeoiſie libre & jalouſe de ſes droits,) ſans prévoir les partis violens, peut-être déſeſpérés que le reſſentiment peut faire prendre à cette même bourgeoiſie contre ceux qu'elle appellera alors les auteurs de tout ce qu'elle aura à ſouffrir : En ſe bornant ſeulement à conſidérer les pertes énormes que feront l'agriculture, l'induſtrie, le commerce, & ſpécialement combien peut en ſouffrir cet entretien journalier ſi néceſſaire de tous les ouvrages qui font la ſureté du plus beau pays de l'univers, & qui, faute de ſoins, pourroient dans un ſeul jour en faire le plus malheureux, on ne peut s'empêcher de prévoir & de craindre tous les dangers de la plus funeste anarchie. C'est au moins à ce période de malheurs, qu'on est forcé de reconnoître la possibilité d'exécution de ce plan fatal qui, en rapprochant toutes les puissances alliées & ennemies, sauveroit à peine à la partie centrale de la République un reste de souveraineté plus précaire peut-être encore, que celle qui est restée à la Pologne depuis son partage.

Ce n'est point en s'aveuglant sur le danger & en plaçant dans un tiers la confiance qu'il pourroit prendre en lui-même, que le brave homme s'éleve au-dessus des périls & des obstacles ; c'est en fixant ce même danger sous tous les points de vue possibles, qu'il doit en même tems fixer ses résolutions & déterminer ses moyens.

C'est uniquement dans cette vue, & pour y concourir, autant qu'il est en lui, que l'homme que la longue expérience d'une vie laborieuse & toujours occupée, a mis à portée de réunir quelques connoissances politiques & militaires, a cru devoir placer ces réflexions sous les yeux de l'homme d'Etat qu'il estime le plus propre à les juger par la sureté & la perspicacité de ses lumieres, en même tems que le plus en état de les faire adopter à ses collegues, par sa juste influence sur l'esprit de ses concitoyens : S'il pouvoit rester à l'auteur de ces mêmes réflexions, un juste ſouvenir de la ſorte d'ingratitude dont on a payé les ſervices qu'il a déjà rendus à la République, & ſurtout négligé ceux qu'il étoit capable de lui rendre, c'eſt encore par de nouveaux ſervices du même genre qu'il eſt dans ſon cœur de s'en venger.

MEMOIRE

*Remis à M. V*** B***, le 29 Juin 1785.*

Frappé de la quantité de traits héroïques que l'hiſtoire nous a conſervés à la gloire du patriotiſme de la bourgeoiſie Batave à l'époque de la grande révolution qui après 80 ans de combats & de travaux, fixa enfin l'indépendance & la ſouveraineté de leur heureuſe république; convaincu que cette valeur originaire ſe retrouve toujours dans des ames républicaines, & qu'elle ne ſe perd jamais dans un pays, où la fortune, la réputation & la conſidération publique ſont en quelque façon des propriétés individuelles pour des hommes qui ſe ſentent eux-mêmes faire partie de la ſouveraineté, où ils ſont repréſentés par des chefs qui ſont leurs peres & non pas leurs maîtres; perſuadé que ce ſentiment de ſa propre exiſtence, ſi propre à exalter l'ame & les forces, doit avoir une énergie d'autant plus vive, que la fortune & la tranquillité de chacun en particulier eſt plus étroitement liée avec la gloire & la prospérité publique ; je crois avoir eu raison de regarder cette même bourgeoisie, (si elle est dirigée & employée convenablement à son génie & à son courage) comme le boulevard le plus sûr de l'indépendance & de la liberté collective, dans toutes les circonstances les plus critiques, au dedans & au dehors.

Telle avantageuse que fût l'idée que je m'étois faite de la bonne volonté de la bourgeoisie armée, ce que j'en ai vu dans les différentes villes où j'ai passé, & particulierement à Amsterdam, a encore ajouté à la confiance que je mettois dans ce moyen, dont le prix est tel à mes yeux aujourd'hui, que si j'avois à choisir dans certaines circonstances données, entre l'emploi de dix mille de ces braves enfans de la patrie. & celui de vingt mille hommes des meilleures troupes régulieres de l'Europe, je n'hésiterois pas un instant à lui donner la préférence.

Mais j'avoue en même tems que je serois bien éloigné d'avoir de ce même Corps, tout sûr, tout valeureux qu'il soit au fonds, la même opinion & de mettre la même confiance dans les services qu'on en tirera dans l'occasion, si on continue à suivre la marche qu'on a prise, d'en former des especes de bataillons à *l'instar* de l'infanterie soudoyée & reguliere de l'Etat.

Plus de quarante ans de services militaires, dont l'intervalle a été constamment rempli par l'amour, l'étude & la pratique de mon métier, ont dû me mettre à portée de sentir, autant que qui que ce soit, tous les avantages de cette tactique & de cette discipline militaire, consacrée & fixée en quelque façon par le plus expérimenté des Rois & des guerriers ; mais je sais en même tems que les troupes de ce Prince, ainsi que toutes les autres troupes régulieres de l'Europe, sont composées de sujets payés pour faire aveuglément la volonté du chef qu'on leur donne, sans qu'il leur soit permis d'avoir eux-mêmes une volonté: Je sais de plus que telles valeureuses que soient ces mêmes troupes, leur courage personel est toujours subordonné à l'action générale des Corps, & que le grand mobile, le premier mobile, le mobile essentiel du succès avec des troupes régulieres, est avant tout dans l'exactitude, l'ordre & la précision la plus scrupuleuse de tous ses mouvemens. Je sais encore que cette exactitude scrupuleuse, cet ordre invariable indispensablement nécessaire dans une quantité d'évolutions compliquées, cette promptitude dans la charge des armes, cette précision dans l'art de les manier & d'en faire usage, cette habitude de maintien & de fermeté *méthodique* qui tient souvent lieu de courage, & dont le courage ne tient jamais lieu dans la tactique ordinaire, je sais, dis-je, que tout cela ne s'apprend qu'avec le tems, avec une soumission absolue, avec une attention non partagée, & je crois voir que pour mettre les volontaires bourgeois au point où ils se proposent eux-mêmes de parvenir, le tems peut être insuffisant: Que tel ardent que soit leur zele, l'assiduité & la soumission peuvent les fatiguer & qu'il est presqu'impossible, dans l'ordre moral de leurs dispositions intérieures, que des citoyens possessionnés, occupés de plus grands intérêts publics ou personels, s'astreignent à ne s'attacher qu'aux seuls exercices de leur bataillon; je ne crains pas même d'avancer que, tel noble que soit pour tout le monde, sans exception, le métier de soldat, je doute fort qu'un bourgeois volontaire qui contribue lui-même à la solde journaliere des troupes qu'il paie pour le défendre, soit à la longue flatté de n'avoir à remplir que les mêmes fonctions de son stipendiaire, de ne faire que ce que fait son stipendiaire, &, tels efforts qu'il fasse, de ne faire que moins bien que lui; car dès que la précision, l'exactitude décident, il faut nécessairement que le soldat régulier ait l'avantage sur le soldat volontaire.

C'est en descendant dans mon propre cœur que je juge celui des braves citoyens qui se dévouent librement à la défense de leur patrie, & qui, en le faisant, combattent pour leur propre fortune, leur liberté, leur considération, leur existence individuelle, & je trouve que cet élan précieux de courage patriotique n'est pas fait pour être circonscrit dans une chaîne aussi uniforme de devoirs quotidiens & réguliers, & qu'il eſt impoſſible que ces mêmes devoirs ne lui paroiſſent pas à la longue au-deſſous de lui, par le ſentiment intérieur qui l'éleveroit fort au-deſſus de toute forme méthodique, s'il étoit employé, comme il lui convient réellement de l'être.

Si le roi de Pruſſe étoit aſſez heureux pour pouvoir diſpoſer dans de certaines circonſtances, qu'il ſeroit aſſez habile pour préparer & faire naître à la guerre, d'une eſpece d'hommes auſſi rare, auſſi ſure, & auſſi intéreſſée à ſe ſacrifier pour la patrie; (cette ſuppoſition ne peut avoir lieu dans un pays gouverné par un maître) j'oſe croire ſur ma vénération reſpectueuſe pour les lumieres éminemment ſupérieures avec leſquelles ce grand prince juge les hommes & les choſes, que, ſachant mieux que qui que ce ſoit, que la véritable Tactique, la Tactique victorieuſe eſt l'emploi le plus avantageux des hommes & des terrains, *tels qu'ils ſont* (2), bien loin d'aſſimiler un corps

---

„ Céſar dont aucun guerrier ne prononce le nom qu'avec reſpect, & dont les „ Commentaires ſeront toujours le plus „ ſûr catéchiſme de tout homme qui fait „ profeſſion des armes, Céſar qui battoit „ les Gaulois avec les Germains, & les „ Germains avec les Gaulois, ne chercha „ jamais à plier l'un & l'autre de ces peu„ples à la Tactique romaine; il les emde cette espece, à la formation, à la tenue et aux exercices multipliés de ses troupes stipendiaires & régulieres, ne balanceroit pas à perfectionner le plan de formation

---

„ ploya habilement & utilement tels qu'ils „ étoient, & il les étudia avant de les em„ ployer, il distingua parfaitement entre ce „ qu'il pouvoit attendre des uns & des au„ tres. *Galli, viri bellicosi, bellum amant, novi„ tatibus student;*

„ *Germani, a pueris, duritiei & laboribus rei „ militaris student.*

„ César connoissoit également la valeur „ des termes & des hommes, & c'est sur „ cette connoissance réfléchie du *goût* des „ uns & de la *constance* des autres qu'il ré„ gla l'usage qu'il fit des deux peuples dans „ son armée.

„ Si le Divan rassasié d'humiliations & „ excédé des exigeances renaissantes des „ deux Cours Impériales, sort enfin de „ l'espece de *torpeur*, où il est resté en„ gourdi depuis le traité de Canardgi, & „ que la guerre se rallume entre la Russie „ & la Porte (on regarde actuellement cet „ événement comme décidé) on jugera „ peut-être par la conduite des armées ot„ tomanes combien il eût été préférable de „ substituer aux demi-leçons de tactique & „ de discipline que quelques missionaires „ militaires ont données aux Turcs depuis „ quelques années, une étude réfléchie „ de la part des missionaimes, des moyens *in-*

que je propose, qu'il s'y attacheroit, & qu'il y attacheroit la plus grande confiance; s'il étoit même possible, avant d'adopter mes idées sur un objet si important pour le moment présent & pour l'avenir, de les étayer de la décision & du jugement de ce grand

---

„ *digenes* que ce peuple avoit en lui-même, „ quand il seroit conduit, mû, posté & di- „ rigé convenablement à son génie, pour „ combattre, & même avec avantage ses „ ennemis les plus disciplinés; l'empire de „ l'habitude & du préjugé ne se détruit pas „ dans un peuple ignorant & superstitieux, „ on ne change point ses dispositions mo- „ rales pour lui en faire adopter d'étran- „ geres à son sol. L'habile homme (on a „ le droit de le dire après s'être appuyé „ de l'exemple & de l'autorité de César) „ ne croit pas que ce soit le génie natio- „ nal qu'il faille plier à la tactique, mais „ que c'est au contraire cette même tac- „ tique qui, dans les combinaisons du Gé- „ néral éclairé, fait prendre toutes les for- „ mes pour aller à son objet, qui doit sa- „ voir se plier au génie de la nation dont „ elle regle les mouvemens. On seroit „ presque tenté de comparer les efforts „ qu'on a faits pour transplanter la tacti- „ que prussienne chez les Turcs, aux ten- „ tatives qu'ont faites plusieurs Princes „ du Nord en plantant des mûriers pour „ élever des vers à soie. „

Maître, je ſolliciterois comme une grace qu'on lui en donnât communication ; & je ne m'abſtiens de le faire que par la raiſon prédominante de l'importance abſolue dont il eſt que le ſecret ſoit gardé ſur les préparatifs, d'autant que je prévois, & cela par des motifs juſtement réfléchis, & ſur une marche exactement calculée des événemens, que, ſi la guerre a lieu, les ſuites d'un premier ſuccès que je regarde comme immanquable, feront telles, qu'elles anéantiroient tous les projets de l'Empereur, & lui feroient entièrement perdre toute ſa premiere campagne. C'eſt à cette époque que j'oſe me flatter que le plus grand juge d'un talent dont il eſt lui-même le modele daignera, par une approbation publique, accorder à l'auteur de ce plan, le prix le plus flatteur qu'il puiſſe déſirer, après celui de l'avoir vu auſſi eſſentiellement utile au ſalut & à la gloire de la république.

Dans l'expoſition ſuccincte que je fais dans ce moment-ci à l'homme d'Etat auquel je ſoumets cet aperçû, je n'entrerai point dans les détails particuliers d'économie & d'exercice ; il jugera aiſément combien tous ces détails particuliers ſont faciles à déterminer dans la proportion convenable, dans la même forme à peu près qu'ils le ſont dans les corps de troupes régulieres. & qui ne ſerviroient dans ce moment-ci, qu'à diſtraire de l'attention réfléchie qu'il convient de porter ſur le plan général ;

Je ſupprime par la même raiſon tout ce

qu'il y auroit à dire ſur le maniement des armes que je propoſe, & les ordres de marche & de combat; je me borne uniquement à annoncer que le commandement ſera toujours ſimple, toujours uniforme; que tous les mouvemens qu'il y aura à exécuter exigeront ſi peu de tems pour l'inſtruction, que dans l'eſpace de quinze jours au plus, & même moins, il n'y aura pas une ſeule troupe bourgeoiſe dans les ſept Provinces qui ne ſache parfaitement tout ce qu'elle aura à faire dans l'occaſion, & je ſuis intimement convaincu que la façon dont elle l'exécutera devant l'ennemi, couvrira la République de gloire, à la face de toutes les nations.

Je crois ne pouvoir mieux préparer un eſprit juſte & pénétrant à bien ſaiſir mon idée & à en apprécier les avantages, qu'en mettant ſous ſes yeux deux traits de la guerre de ſept ans.

Le premier eſt du 18 juin 1757 à la bataille de Kollin.

Les deux régimens hongrois de *Joſeph* & de *Nicolas Eſtherazi*, chargés par une brigade d'infanterie Pruſſienne ſoutenue d'artillerie, prirent la courageuſe réſolution, leurs cartouches étant épuiſées, de paſſer rapidement leurs mouſquets à la grenadiere, & de ſe jetter le ſabre à la main dans la plus réguliere des Infanteries; ils la culbuterent & la forcerent de reculer, avec une très grande perte en morts et en bleſſés.

Le ſecond trait eſt de l'année 1759 dans la même guerre.

Le général *Jahnus*, (qui depuis est mort commandant à Hambourg) étoit à la tête d'un corps d'infanterie irréguliere de trois mille cinq cents hommes, dans les gorges du comté de *Glatz*, d'où il génoit prodigieusement tous les convois qui devoient passer de Silésie en Saxe pour l'armée du Roi de Prusse; Le général *Fouquet* qui commandoit dans cette province pour S. M. Prussienne, rassembla six mille hommes d'infanterie de ses garnisons, et marcha avec un corps aussi considérable et seize pieces de canon au Général hongrois, pour le surprendre & assurer, par la défaite de ce corps d'irréguliers, la tranquillité de la marche de ces convois, ce qu'il ne doutoit pas d'exécuter facilement avec un corps aussi supérieur en nombre et en moyens; *Jahnus* fut effectivement surpris de cette visite inattendue, mais il n'en chercha pas moins à parer avec gloire un coup aussi dangereux. Il prit en conséquence le parti à la vue de l'infanterie réguliere de *Fouquet*, de se mettre promptement en bataille sur le penchant d'une colline, appuyant chacune de ses ailes à deux petits bois, dont il jugeoit bien que le Général expérimenté auquel il avoit affaire, ne manqueroit pas de faire la reconnoissance, avant de former son attaque: Il jugea de plus que cette reconnoissance par l'espace que les observateurs auroient nécessairement à parcourir pour se porter à l'extrémité du bois, & le tourner, ne pouvant être faite qu'à nuit tombante, le Général Pruſſien ſe contenteroit de le garder à vue, et remettroit au lendemain matin une attaque dont le ſuccès devoit lui paroître d'autant plus ſûr qu'il ſeroit plus éclairé. Ce que *Jahnus* avoit prévu arriva effectivement, &, à nuit cloſe, l'habile hongrois détacha différens petits pelotons de ſa ligne avec ordre de ſe gliſſer ſur les flancs et les derrieres de la ligne Pruſſienne pour l'inquietter par un petit feu continuel, (eſpece d'allarme qu'on ne peut jamais hazarder qu'avec des troupes de la fidélité deſquelles on eſt parfaitement ſûr, & qu'il ſeroit trop dangereux de confier à des ſtipendiaires dont il ne faudroit qu'un ſeul déſerteur pour trahir le ſecret;) Le général *Fouquet* ne manqua pas, comme l'auroit fait tout autre général expérimenté, d'ordonner à ſa ligne de ſe replier ſur elle-même pour former un quarré qui, ne prêtant plus aux tirailleurs hongrois que la quatrieme partie de ſon front, faciliteroit aux gardes avancées ſur chacune des faces du quarré le moyen de répondre par un feu égal et même ſupérieur à celui des petits pelotons hongrois; C'eſt ſur cette diſpoſition prévue des Pruſſiens que le Hongrois régla la ſienne; Tous ces petits pelotons détachés vinrent ſucceſſivement avant le jour reprendre leur place dans ſa ligne, qui forte dans toute ſon extention de 3500 hommes pendant que celle des Pruſſiens par ſa réduction, n'offroit plus qu'un front de

1500 hommes, ſe trouva, par cette adroite diſpoſition, dans le cas de combattre avec ſupériorité contre un ennemi numériquement deux fois plus fort qu'elle; A l'aube du jour, & avant que *Fouquet* eût fait ſon déployement pour ſe remettre en ligne, *Jahnus* ſe précipita, le ſabre à la main, ſur les flancs du quarré Pruſſien, mit cette infanterie ſi réguliere dans la déroute la plus complette, lui tua 1200 hommes, lui enleva ſon canon, fit au delà de 2000 priſonniers, & en rendant compte de cet événement à M. le Maréchal de Daun, s'excuſoit modeſtement de ne point envoyer de drapeaux, uniquement parce que les Pruſſiens n'en avoient pas.

PLAN

PLAN

DE FORMATION

Des Compagnies bourgeoiſes & des Corps francs de la République.

L'uniformité étant indiſpenſable à la guerre, pour ſimplifier l'ordre et l'exécution dans les corps chargés du même ſervice,

On eſtime que toutes les compagnies bourgeoiſes des différentes villes des ſept Provinces-Unies, ne devroient former qu'un ſeul corps national ſous le nom de VRYWILLIGE UNIONS BURGERSCHAP, dont Leurs Hautes Puiſſances les Etats généraux, feroient colonel ſuprême.

Ce corps ſeroit diviſé en Phalanges dont chacune porteroit le nom de ſa ville, en auroit les armes dans ſon drapeau, et auroit pour Colonel honoraire ſon premier Bourgmeſtre.

Lorſqu'une ville fourniroit à elle ſeule pluſieurs phalanges, elles ſeroient ſeulement diſtinguées par les noms de premiere, ſeconde, troiſieme & quatrieme, par exemple d'Amſterdam, & chacune d'elles auroit pour Colonel honoraire le premier, ſecond, troiſieme, quatrieme, de ſes Régens.

Chaque Phalange ſeroit compoſée de quatorze compagnies d'infanterie & d'une ſeule compagnie à cheval.

Dans le cas où il faudroit réunir pour la

formation d'une phalange, le contingent en bourgeoisie, de plusieurs villes différentes, cette phalange porteroit dans sa banniere les armoiries réunies des villes contribuantes, et son Colonel honoraire pourroit être alternatif entre les premiers Bourgmestres de chacune de ces villes, en réglant cet arrangement sur l'ordre de séance & d'ancienneté qu'elles tiennent entr'elles dans l'Etat.

L'infanterie de chaque phalange seroit rangée & marcheroit sur quatre rangs, dont le premier et le quatrieme seroient armés de piques de sept pieds de longueur, garnies d'une hampe acérée et tranchante assez forte pour être également propre à arrêter la cavalerie & à percer une infanterie ennemie :

Le second et le troisieme rang seroient armés, moitié de haches d'armes d'une juste longueur, et moitié de sabres, non pas de la forme de cet inutile couteau à poignée de cuivre, qui porte le nom de cette arme au côté du soldat actuel, où il n'est que pour le poids et pour la parade ; mais de sabres d'une excellente trempe, de la forme des sangiacs Turcs, que l'on estime les plus propres à l'usage meurtrier que les volontaires qui en seroient armés auroient à en faire, en se mêlant dans la troupe qui leur seroit opposée, pendant que leurs piquiers, l'arme baissée, en pénétreroient fièrement les rangs, et ne laisseroient à l'ennemi, par ce double effort, d'autre parti à prendre que celui de la retraite la plus précipitée, pour tâcher de se porter à une distance où il eût le temps de se remettre en état de faire usage de son canon et de sa mousqueterie :

C'est alors que la compagnie des Volontaires à cheval, se partageant par petites troupes, et prévenant les fuyards par la vélocité de sa marche, en empêcheroit la réunion, & et en coupant les traits des chevaux destinés à traîner le canon, pourroit completter par cette opération le succès de la phalange.

C'est à ce seul service et à celui d'éclairer, en se portant en avant la marche de la phalange, à porter les ordres du général, ou à lui faire passer les nouvelles du succès que doit se borner l'emploi des volontaires à cheval, ne pensant pas que dans telle circonstance que ce soit, il puisse convenir, telle bonne volonté qu'ils en marquassent, de les faire combattre en troupe contre aucune cavalerie réglée, ni même contre des hussards ou des corps francs à cheval.

Chaque compagnie de la Phalange seroit composée de cent hommes commandés par deux capitaines, dont le plus ancien de tous seroit Commandant de phalange; Il y auroit de plus dans chaque compagnie deux Lieutenans et deux Sous-lieutenans, sans sergens ni autres bas officiers, la simplicité de l'ordre sur lequel la Phalange aborderoit l'ennemi, & la valeur individuelle de chacun des combattans, rendant dans ce corps l'emploi de Serreſile auſſi inutile qu'il eſt eſſentiel et même néceſſaire au maintien de l'ordre dans un bataillon régulier d'infanterie ſoudoyée.

Il n'y auroit qu'un ſeul Porte-Enſeigne dans la Phalange.

Le ſervice de la compagnie à cheval exigeant un plus grand nombre de commandans pour chacune des ſubdiviſions dans leſquelles elle ſe partageroit, il conviendroit qu'on joignît encore quatre maréchaux des logis, aux ſix officiers ſupérieurs qui y ſeroient attachés, comme aux compagnies d'infanterie.

Ce corps entier de Volontaires de toutes les villes de l'union, auroit un inſpecteur & commandant général, auquel le plus ancien capitaine, commandant particulier de chaque phalange, feroit le rapport de tout ce qui la concerneroit, & ce commandant général rendroit compte lui-même de tout à chacun de MM. les Bourguemeſtres Colonels dont il demanderoit, recevroit et ſuivroit toujours les ordres ſur toute eſpece de diſtribution, manutention & emploi quelconque.

Le commandant & inſpecteur général du corps uni des volontaires ne recevroit à la guerre l'ordre que de MM. les députés du Comité de guerre, et lorſqu'il feroit queſtion d'une expédition dans laquelle, partie ou totalité des phalanges pourroit être avantageuſement employée, il pourroit concerter cette expédition avec le général en chef des troupes régulieres de la République, mais toujours ſous les ordres & en préſence des ſeigneurs du Comité de guerre & il rendroit compte tout de ſuite du réſultat de cette conférence, & du parti qu'on y auroit pris, à MM les Bourgmeſtres Colonels pour recevoir leurs ordres et leur approbation par écrit.

Dans des cas inſtans où il feroit indiſpenſable d'agir ſans pouvoir recevoir l'ordre de MM. les Bourgmeſtres Colonels, le Commandant général pourroit être autoriſé à le faire, non par l'ordre du Général en chef, mais ſur celui des ſeigneurs députés du Comité de guerre, qui, dans ce cas, le donneroient à l'inſpecteur général par écrit.

Dans toutes les occaſions de guerre où le commandant général ſe mettroit à la tête d'une ou de pluſieurs Phalanges, Tous MM. les Commandans particuliers feroient à ſes ordres.

Ces Phalanges bourgeoiſes n'étant uniquement deſtinées qu'à la défenſe de la patrie, et par la nature même de leurs armes ne devant jamais combattre l'ennemi qu'au plus près, elles ne doivent avoir à faire aucun ſervice de garde ni de corvée à l'armée, dont elles ne feront partie qu'au moment même du combat, lorſque les circonſtances permettront à leur valeur de ſe déployer avec une énergie déciſive.

Les phalanges ne camperoient jamais, mais elles feroient diſtribuées par leur inſpecteur général dans les villes & bourgs à portée de l'expédition à laquelle il jugeroit qu'elles pourroient être avantageusement employées, et ce seroit là qu'elles attendroient les ordres que leur seroit passer leur Commandant général, d'après ceux qu'il auroit reçus lui-même de MM. les Colonels Bourgmestres ses commettans, ou dans une circonstance instantedes seigneurs du comité de guerre.

Tel grade militaire qu'ait le commandant général du corps uni de la bourgeoisie armée il ne prendroit ni rang ni jour à l'armée, ou il ne seroit au quartier général, que comme un simple Volontaire, excepté dans les occasions où il meneroit à la guerre les Phalanges dont il régleroit et commanderoit seul & en chef toutes les expéditions, sous l'ordre supérieur de MM. les Bourgmestres colonels qui auroient reçu son serment, et l'auroient fait recevoir à LL. HH. Puissances, comme colonel suprême.

Tel est le fonds et l'ensemble d'un plan qui peut avoir besoin d'être rectifié dans quelques points sur les convenances de la constitution civile, mais qui certainement à la guerre, seroit plus propre qu'aucun autre moyen pour procurer à la République des avantages incalculables, d'autant plus précieux qu'ils seroient absolument & uniquement personels à cet Etat & que l'emploi d'un moyen aussi victorieux ne dépend que de la République seule, qui le porte dans son sein, que rien ne peut être ni plus imposant pour ses ennemis, ni plus important pour ses alliés que de lui voir prendre un parti qu'elle ſeule, entre toutes les puiſſances de l'Europe, a et peut avoir à ſa diſpoſition.

Du 10 Septembre 1787.

C'eſt au corps entier même de la bourgeoiſie Batave que l'auteur adreſſe publiquement aujourd'hui ce plan de formation : Il a été fait pour elle, c'eſt à elle à le juger d'après ce ſens intime d'élévation et de courage que l'amour de la liberté a gravé dans ſon cœur : C'eſt aux enfans des Ruiter, des Treslong, des Simoonzon des de Rich, des Vanderderf, &c. à décider ſi cette façon de combattre, comme il n'appartient qu'à eux de le faire, eſt vérirablement celle qui convient de préférence à leur énergie *natale* : C'eſt à ces mêmes citoyens, ſouverains *eſſentiels* des villes qu'ils habitent, auſſi éclairés ſur les formes de leur conſtitution qu'ils ſe montrent jaloux d'en défendre les droits, qu'il appartient de prononcer ſur les avantages qu'ils auroient à ſe promettre, au dedans et au dehors, de l'exécution du plan qui leur eſt propoſé ; C'eſt à eux à en calculer l'utilité pour l'avenir, et pour les aider dans ce calcul, on ſe borne à leur indiquer ſeulement ce que trois mille d'entr'eux armés de cette façon & dirigés par un chef intelligent & aſſez réfléchi pour n'avoir rien négligé de tout ce qu'auroit preſcrit une juſte prévoyance, auroient pu exécuter (et facilement) pendant une ſeule des nuits d'hiver du ſéjour que la cour Stathouderienne a fait à Nimègue. De quelle conſéquence, dans la ſuppoſition plus que vraiſemblable du ſuccès, n'auroit pas été pour la République un événement dont le premier effet auroit été la réunion de toutes les troupes régulieres ſous la même banniere, et quelles facilités n'auroit pas procuré cette réunion, pour celle ou réelle, ou au moins apparente des eſprits? Que d'embarras, que de dangers, Que de maux réels peut-être n'aurait pas prévenus une expédition de cette nature, jugée dès lors néceſſaire, comme on le verra par la ſuite de cette correſpondance? Quelles facilités la bourgeoiſie d'Amſterdam n'auroit-elle pas trouvées lors de la ſédition du Kattembourg, et depuis cette époque toutes les bourgeoiſies des différentes villes, dans l'emploi d'un moyen auſſi impoſant contre l'inſurgence du peuple et contre les menées ſouterraines de ceux qui le font agir, ſans être forcé, comme on l'a été de recourir à l'uſage aveugle & bruyant d'armes dont la ſeule exploſion eſt elle-même le plus grand & le plus ſcandaleux des déſordres dans une Cité? C'eſt en regardant ainſi derriere lui qu'on invite le citoyen éclairé à prévoir de quelle conſéquence il peut être pour l'avenir de ſe mettre en état d'agir, comme il lui convient de le faire, dans des circonſtances, rares à la vérité, mais toujours déciſives.

Dans le tems même que ce plan fut proposé, l'auteur avoit bien pressenti lui-même une partie des difficultés qui devoient balancer les résolutions des vertueux patriotes qui en seroient les juges conjointement avec celui auquel il en fit hommage à la Haye, il y a plus de deux ans ; il ne s'étoit point dissimulé qu'il y auroit nécessairement quelques obstacles à vaincre pour concilier constitutionnellement les droits individuels de souveraineté de chacune des Provinces, & ceux de la représentation individuelle de chacune des villes dans la même province, avec la réunion collective de toutes les bourgeoisies de ces villes & Provinces dans un seul & même Corps, subdivisé en différentes phalanges patriotiques ; mais il avoit vu en même tems, ou du moins il a cru voir, & voit encore dans ce moment même, que ce plan n'en étoit pas moins calqué fondamentalement sur celui de la constitution de la République considérée collectivement, & que sous cet aspect, & avec les rapprochemens qui devoient résulter de cette conformité, il étoit impossible qu'on ne trouvât pas, en s'en occupant sérieusement, les moyens d'écarter tous les obstacles qui pourroient en gêner l'exécution si ce plan étoit véritablement reconnu aussi avantageux qu'il lui paroissoit être.

Il avoit vu que l'influence directe & souveraine de chacun de MM. les Bourgmestres Colonels sur leurs phalanges, la réaction de la volonté de ces mêmes phalanges sur les résolutions & les ordres de leurs Bourgmestres, & finalement le dernier rapport que ce Corps devoit avoir avec les représentans du pouvoir national collectif, Leurs Hautes Puissances les Etats-Genéraux, Colonel suprême d'un Corps aussi distingué, & lui-même principalement représentatif de la nation, n'étoit en quelque façon qu'une image militaire de la constitution civile de la République, & à ce titre, conséquemment infiniment plus propre qu'aucun autre moyen, indépendamment des grands avantages qu'on en tireroit à la guerre, à rétablir & consolider l'union des parties au tout, & du tout aux parties ; ces réflexions étoient de nature à lui faire espérer que des considérations aussi importantes détermineroient le Corps patriotique à sacrifier noblement tous ces petits obstacles accidentels à l'intérêt majeur, au grand intérêt de gloire & de sureté commune.

C'est aujourd'hui à la collection de toutes ces ames si noblement échauffées du feu de l'amour de la patrie, éclairées, comme elles sont, sur les convenances de leur constitution & de leur prérogative civile, que l'auteur adresse le même plan; c'est à ces mêmes patriotes à méditer sur les temperamens à adopter pour se rapprocher le plus, & le plutôt possible de cette formation, s'ils l'agréent, c'est à eux-mêmes à proposer ces tempéramens à leurs Régences, & ce seroit peut-être encore à eux à les leur prescrire.

C'eſt dans ces mêmes *Doels* où leurs peres s'exerçoient à tirer avec juſteſſe pour être plus en état de défendre leurs villes, leurs libertés & leurs priviléges, c'eſt dans ces mêmes *Doels* où ils viennent de s'exercer, à ſubſtituer à cette adreſſe individuelle le feu collectif d'un bataillon, en adoptant les principes de la tactique ſtipendiaire ; c'eſt dans ces mêmes *Doels* qu'après s'être patriotiquement conſultés, ils doivent prendre leur réſolution, & ce ſera encore dans ces mêmes *Doels* qu'en moins de 15 jours cette valeureuſe bourgeoiſie pourra être parfaitement inſtruite de tout ce qu'elle aura à faire dans une tactique dont elle trouvera les principes dans ſon propre cœur, & dont les réſultats couvriront de gloire dans l'occaſion une patrie qui doit leur être chere, & qui leur eſt effectivement chere à tant de titres.

On applaudit dans ce moment-ci au zele qui a pu élever des hommes libres & poſſeſſionnés au-deſſus de l'idée repouſſante d'étudier pour ne devenir que les émules & les égaux de ceux qu'ils payent pour les défendre ; mais on n'en juge pas moins qu'il eſt très inſtant de fixer cette ardeur généreuſe ſur le plan dont l'eſquiſſe vient d'être miſe ſous leurs yeux ; il eſt évident d'abord, que cette maniere de combattre les tirera de pair, & s'ils l'adoptent, ils peuvent être aſſurés que dans toutes les nations de l'Europe, ils n'ont point de concurrence à craindre.

Du 12 Septembre 1787.

La guerre eſt donc enfin formellement déclarée entre la Porte & la Ruſſie, & M. le Duc régnant de Brunſwick décidément prêt à entrer ſur le territoire républicain ; le voile eſt déjà levé aux deux extrémités du grand Tableau d'exploſion générale eſquiſſé dans preſque toutes les Lettres & Mémoires de cette collection ; c'eſt le cas au moins de ſoupçonner la nature des rapports que ces deux événemens auxquels il n'y a plus moyen de ſe refuſer, peuvent & *doivent* avoir avec ceux qui, pour n'être pas encore à découvert, n'en ſont peut-être pas moins tout prêts à l'être, dans la partie centrale du même tableau, & ne pas attendre que le tems ait levé tout le voile en entier pour prendre des meſures toujours néceſſaires en bonne politique, mais qui dans le moment actuel peuvent être ſi particulierement inſtantes. La République n'a pas un inſtant à perdre, c'eſt ſur elle que le ſpéculateur fixe principalement ſes réflexions. En ſoumettant, comme il vient de le faire, au jugement du Corps national de la bourgeoiſie Batave le plan de formation militaire qu'il croit le plus convenable à ſon génie & à ſa conſtitution, il eſt bien éloigné de penſer que ce Corps précieux & diſtingué doive jamais ſuppléer à un Corps d'armée ſtipendiaire, formée & conduite ſur les principes généralement adoptés par la Tactique moderne; non seulement il est convaincu de la nécessité indispensable où se trouve la République d'avoir le plutôt possible une armée égale en nombre, et en moyens de toute espece à celle qui vient dans ce moment-ci lui donner la loi, mais il ne balance pas à lui annoncer que si cette même bourgeoisie dont il fait tant de cas, présume assez de son zele et de ses études pour oser se compromettre en ligne devant une armée Prussienne, elle s'expose évidemment à être la victime de sa présomption, le général auquel elle a affaire, ne fît-il que la fatiguer, la lasser et l'épuiser par des mouvemens, des déploiemens & des développemens, dont il saisira toujours l'occasion avec la plus grande pénétration, & que les troupes à ses ordres exécuteront toujours avec la plus grande rapidité; ce ne peut être qu'avec des hommes aussi rompus que les Prussiens à la marche, à la charge & aux évolutions qu'on peut espérer des succès en manoeuvrant régulierement; Il faut acheter cette espece d'hommes, & c'est ce sang là qu'il faut répandre en ligne. Celui du bourgeois Batave doit couler aussi sans doute, mais ce n'est que dans les occasions où le courage libre, individuel & volontaire peut raisonnablement se flatter de triompher de l'ordre, de la fermeté & du maintien méthodique, contre lesquels la valeur la plus intrépide viendra toujours s'émousser, se briser & à la fin se perdre, tant que les troupes régulieres auront l'eſpace pour elles. Les occaſions où le ſang patriotique doit être verſé feront rares, on l'a dit, & il convient effectivement qu'elles ne ſe renouvellent pas ſouvent ; mais on a ajouté qu'elles ſeroient déciſives, & elles le ſeront certainement contre telles troupes que ce puiſſe être dans le plan de formation & dans la forme de combat propoſés, lorſque l'on aura été aſſez adroit pour préparer & faire naître ces ſortes d'occaſions, ou aſſez pénétrant pour ſaiſir à propos celles qui ſe préſenteront d'elles-mêmes. Si la tête a bien conçu & dirigé, on peut être ſûr des bras.

On le repette ; il faut à la République une armée, comme ſi ſa bourgeoiſie ne devoit jamais combattre, lorſque cette bourgeoiſie combattra, ce ne ſera que pour vaincre, jamais pour ſe défendre ; auſſitôt qu'elle aura complettement rempli ſon objet, ce ſera derriere ces bataillons réguliers qu'elle viendra ſe repoſer de ſes fatigues, & qu'elle en partira tout de ſuite pour aller ſe féliciter dans ſes foyers au ſein de ſa famille des ſervices ſignalés qu'elle aura rendus à la patrie.

Mais au moment que l'ennnemi eſt déjà au milieu de nous, lorſque les engagemens que les Princes de l'Empire paroiſſent avoir pris entr'eux ne nous permettent plus de négocier en Allemagne des ſubſidiaires, lorſqu'il nous manque des hommes pour remplacer les vuides que l'infidélité a déjà faites dans nos Régimens, & prévenir ceux qu'une nouvelle infidélité peut encore nous faire éprouver dans ce qui nous reste, où trouver, & comment former cette armée indispensablement nécessaire? où? dans le zele, dans la bourse individuelle de chaque citoyen. Mais l'Etat n'a pas le droit de l'exiger? D'accord; mais qui en a le pouvoir doit en avoir la volonté, c'est dans cette circonstance que l'entousiasme de quelques-uns doit entraîner un entousiasme général; Qui sacrifie sa vie pour la liberté doit y sacrifier sa fortune. L'indépendance doit être plus chere à un vrai Républicain que l'une & l'autre. Rappellez-vous votre valeureux compatriote du batteau de Tourbes. Enfans de ces Peres généreux, le trésor de la République est à présent dans vos cœurs; Il ne faut pas vous y méprendre (cette crise est au delà des dangers ordinaires, & c'est par des moyens au delà de ceux qu'on emploie ordinairement qu'il convient de la soutenir. C'est dans la fortune particuliere de chaque Batave que la liberté doit puiser et répandre même avec profusion, tout ce que l'industrie ne peut pas avoir amassé pour l'employer dans une occasion plus importante. Doubler la paye des soldats, tripler les engagemens, avec la précaution de ne les payer que proportionnellement au tems que le soldat restera au drapeau, prodiguer les gratifications au courage utile, punir les lâchetés avec la plus grande sévérité, tenir scrupuleusement les capitulations, et n'en faire que de courtes, car la liberté engagée pour un temps trop long cherche à briser sa chaîne ; avec tous ces moyens réunis & publiquement annoncés, Vous demandez encore où prendre des soldats tout faits et tout instruits ? où ? dans les armées mêmes qui viennent vous combattre ; celui qui se vend le fait presque toujours le plus cher qu'il peut, & quand vous aurez pris le parti qu'on vous indique, ce seront vos ennemis actuels qui seront bientôt vos défenseurs. Ce n'est pas dans ce moment-ci un assaut de troupes à troupes que la République ait à faire, c'en est un d'argent ; que les patriotes fondent leurs cœurs & leurs coffres, il ne dépend que d'eux que l'avantage leur reste. Ce n'est plus au calcul parcimonieux à régler proportionnellement les contributions, c'est à l'enthousiasme individuel à les déterminer. Que tous les membres patriotiques se renferment dans cette seule réflexion : *Si la République maintient son indépendance & qu'elle consomme le grand ouvrage de la réforme à laquelle elle aspire en abrogeant sans réserve & sans retour tout ce qu'elle a sanctionné, dans d'autres temps & à différentes époques de contraire à sa constitution primitive, chaque patriote retrouvera surement dans son industrie et son commerce les moyens de se rembourser* avec gloire *de tous les sacrifices qu'il aura faits à la liberté.*

Si l'esprit de parcimonie l'emporte, ce même patriote aura un maître ; qu'il pese toute la valeur de ce mot, & ce maître assujétira son industrie

dustrie à un régime fiscal qui, en soumettant à des loix arbitraires tous les moyens qu'il a dans le sein de la liberté pour ajouter à sa fortune, le dépouillera encore peut-être, & avec honte, *de ce même argent qu'il auroit refusé par une épargne mal entendue au besoin de l'Etat.*

L'avarice même, (si tant est que ce sentiment puisse se trouver dans une ame patriotique à côté de la soif de la liberté & de l'amour de la gloire) l'avarice, si elle est raisonnée, ne doit pas hésiter sur la nécessité où se trouve tout patriote qui se veut assurer cette propriété d'argent, qui lui est chere par dessus tout, de le déposer dans le trésor de l'Etat dont il peut seul faire aujourd'hui le salut; que celui qui est le plus attaché à ce métal consolant, fruit de son travail & de son commerce, fasse un calcul réfléchi sur la sureté avec laquelle il sera placé dans les mains & sous la sauvegarde d'une Régence qui sera toujours de son choix, & qui ne sera plus composée à l'avenir que d'hommes qui ne pourront avoir d'autre intérêt que l'intérêt individuel de chaque citoyen si étroitement lié alors à la prospérité publique; qu'il juge d'après cette considération s'il doit s'élever dans son cœur la plus légere inquiétude sur la rentrée d'un fonds aussi avantageusement que noblement placé. En prenant un parti aussi conforme à son zele pour la réforme constitutionelle de l'Etat, que sera le patriote, si non un fils bien né, qui, dans une circonstance presſée & embarraſſante, prêteroit à une mere induſtrieuſe & économe, des ſommes à la vérité conſidérables, mais qu'il feroit bien ſûr qu'elle n'employeroit & ne feroit valoir que pour lui laiſſer un plus grand héritage? Il n'y a qu'une avarice ſordide & aveugle qui puiſſe balancer par un ſentiment auſſi aveugle qu'elle une réflexion auſſi frappante, & on ne doit pas raiſonnablement appréhender qu'une aſſociation libre de citoyens réunis en corps ſous les enſeignes de l'honneur, pour la reſtauration des droits originaires de ſa conſtitution primitive, s'expoſe à perdre tout le fruit de ſes efforts par un défaut de confiance dans cette même conſtitution qu'elle aſpire à rétablir. Que cette bourgeoiſie, éclairée comme elle l'eſt, ſpécule d'avance dès ce moment-ci ſur les épargnes que la République rendue à ſa premiere exiſtence vraiment ariſto-démocratique, fera annuellement par la ſuppreſſion des dépenſes auxquelles elle s'eſt aſſujettie à la révolution de 1747 ; qu'elle conſidere, lorſque la paix ſera rendue aux heureuſes Provinces de l'union, combien, ſi on adopte & ſi on conſerve ces phalanges patriotiques qui feroient la ſureté intérieure de chaque Province, ſans qu'il en coûtât rien à l'État pour la ſolde & l'entretien de cette précieuſe milice, on épargneroit ſur le nombre la ſolde & l'entretien des troupes régulieres qu'on ſeroit toujours maître, en conſervant les officiers & le fonds des corps, d'augmenter dans le besoin autant qu'on le jugeroit convenable, & elle se convaincra alors que ces épargnes réunies qui feroient un bénéfice annuel de plus de deux millions de florins pour la République, feroient des garans suffisans du prêt quelconque que lui auroit fait la piété filiale; prêt qui ne feroit au fonds, pour parler la langue du commerce, qu'un argent escompté sur la meilleure des lettres de change.

Que la bourgeoisie patriotique pense surtout que ce moyen essentiel est en elle-même & qu'il n'est que là; qu'il est indépendant de toute résolution étrangere, de tout accident étranger, & enfin qu'il est le seul qui puisse lui conserver, en combattant pour ses propres foyers & sur ses propres foyers, l'avantage d'y rester la partie principalement agissante, comme elle y est la partie principalement intéressée; qu'elle observe que plus elle se fortifiera par le moyen qu'on lui indique, plus elle affoiblira l'agresseur contre lequel elle a à se défendre; qu'elle rapproche cette derniere réflexion de celles qui ont été exposées dans le Mémoire du 12 Septembre 1786 sur les suites funestes, mais possibles, d'une parcimonie mal entendue dans une conjoncture aussi décisive pour le bonheur de tous en général, & pour celui de chaque citoyen en particulier: on sent si vivement la nécessité de l'enthousiasme dont on voudroit exalter en même tems toutes les têtes & toutes les ames républicaines, qu'on ne balance pas à leur annoncer que ſi elles s'y refuſent, tout le courage qu'a déployé juſqu'à ce moment-ci le parti patriotique, &tous ces efforts n'aboutiront qu'à aggraver & à perpétuer le joug qui leur répugne, & à conſommer le malheur de la République.

On n'eſt pas ſans inquiétude ſur la confiance peut-être trop grande qu'on paroît mettre dans les meſures locales, & dans les moyens de défenſes que le génie militaire y a préparés.

On n'ignore pas la nature des funeſtes avantages que la Hollande peut tirer de ſes écluſes pour rendre les approches de ſes places & les communications difficiles; on eſt également inſtruit du parti que l'intelligence militaire tirera de l'emplacement & du feu des batteries pour écarter les troupes chargées de faire ces approches & d'ouvrir ces communications, mais on ſait auſſi que toutes ces défenſes, telles bien préparées qu'elles ſoient, ne ſont point au-deſſus de l'induſtrie militaire qui s'opiniâtre courageuſement à les vaincre: avec du bois, des bateaux & des ſacs à terre, on éleve des batteries, même dans l'inondation, celles qu'on établit ſur les digues, même les plus étroites, peuvent y être diſtribuées & multipliées de façon à en impoſer elles-mêmes à celles qu'on juge aujourd'hui ſi importantes. Les places du Brabant hollandois étoient toutes inondées en 1747, celle de l'écluſe ſurtout n'offroit au Général *de Lowendal* qui en faiſoit le ſiége, que la largeur ſeule de la digue pour les tranchées & les batteries; une escadre angloise qui mouilloit sous Flessingue, devoit encore ajouter à la confiance de la garnison; malgré tout cela les tranchées & les batteries n'en furent pas moins perfectionnées, & l'écluse se rendit, ainsi que Philippine, Hulstet, Axel, en moins d'un mois. L'industrie à la guerre balance l'industrie, celle du moment s'éleve à force de travail au niveau de celle qui est préparée de longue main; plus les obstacles sont grands & plus il en coûte à les lever, mais on les leve, & à la fin ce sont les hommes qui décident, & ce sont ces forteresses mobiles qui imposent la loi à toutes celles qui ne le sont pas. Si ce qu'il en coûtera à l'Etat pour dédommager les habitans dont les terrains seront exposés à l'inondation, avoit été employé à tems à enlever à l'ennemi une partie de ceux qui sont destinés à franchir cet obstacle, on est fort porté à croire que la République y auroit beaucoup gagné. Mais ce n'est pas en arriere qu'il faut regarder, les regrets sont toujours inutiles & les résolutions nécessaires. C'est sur ces dernieres qu'il convient de se fixer en écartant surtout cet espoir dangereux auquel on croit encore pouvoir se livrer, malgré l'évidence même, de conjurer par la voie des négociations l'orage prêt à éclater sur la République. Au ton avec lequel S. M. Prussienne exige, à celui avec lequel Leurs Nobles & Grandes Puissances éludent, sur quoi peut-on ſe flatter que cela finira par un rapprochement ? peut-on croire raiſonnablement qu'un auſſi grand Souverain que *Frédéric Guillaume* n'ait fait marcher quarante mille hommes que pour déterminer par un apparat auſſi formidable Leurs Nobles & Grandes Puiſſances à une déférence reſpectueuſe vis à vis d'une Princeſſe trop grande elle-même pour n'être pas également au-deſſus & de l'offenſe & de la réparation ? A-t-on oublié que M. le Duc régnant de Brunſwick étoit deſtiné à commander l'armée près de deux mois au moins avant l'offenſe, & peut-on encore croire raiſonnablement qu'un Prince auſſi éminent par ſes qualités perſonelles & ſon rang, que M. le Duc Régnant de Brunſwick, ſerviteur, mais ami du Roi de Pruſſe, ait été choiſi de préférence pour n'être qu'un épouventail ? On verra dans une lettre rapportée ci-après qu'on croyoit à la Haye que c'étoit à ce même Prince que S. M. Pruſſienne ſe propoſoit de confier après le retour du Comte de *Gœrtz* une repriſe de négociation : Quel négociateur !

Du 16 Septembre 1787.

„ Le contr'ordre ſubit que l'Empereur „ a fait paſſer à ſes troupes, au moment „ où réunies ſur la frontiere de Bohême, „ la groſſe artillerie étoit déjà entrée ſur „ le territoire du haut Palatinat, & que „ les commiſſaires des cercles de Franco-

„ nie & du haut Rhin, fe concertoient à „ Spire & à Vürtzbourg fur les approvi- „ fionemens de leur marche ultérieure, „ eft un événement qui ouvre une vafte „ carriere aux réflexions de l'obfervateur „ attentif. Si on confidere l'époque de ce „ contr'ordre, on ne peut pas douter qu'il „ n'ait été déterminé par la nouvelle de la „ réfolution fubite du Divan, & que ce ne „ foit une fuite indifpenfable des engage- „ mens pris & des mefures éventuellement „ convenues & concertées entre *Catherine* „ *II* & *Jofeph II*, pendant le voyage de „ Cherfon, pour être fidelement exécutés „ au moment d'une explofion que Leurs „ Majeftés Impériales font trop clair- „ voyantes pour n'avoir pas prévue com- „ me finalement indifpenfable de la part „ de la Porte, mais qu'elles avoient jugé „ devoir être reculée au moins jufqu'au „ printems.

„ On peut juger ces mefures éventuel- „ les par celles qu'a prifes dans le moment „ même S. M. Impériale à l'arrivée du „ courier.

„ Il a été décidé d'abord qu'il y auroit „ trois corps d'armée, un en Hongrie, un „ en Gallicie & un en Efclavonie; que „ l'armée principale aux ordres du Feld- „ Maréchal *Laudohn* feroit de 84,000 hom- „ mes, & les deux autres corps d'armée „ aux ordres des Généraux d'*Alton* & de „ *Fabris*, toujours fous le commandement „ en chef de M. de *Laudhon*.

„ Indépendamment de ces corps d'ar„ mée, l'Empereur donnera 30,000 hom„ mes à la ſolde de l'Impératrice.

„ Les bataillons qui tiendront garni„ ſon en Hongrie, y ſeront ſur le pied de „ guerre.

„ La groſſe artillerie deſtinée pour les „ Pays-Bas retourne aux arſenaux de „ Budweis ; les chevaux & les bagages „ retournent à Vienne par terre, & les „ troupes par eau; les bâtimens de tranſ„ port doivent être raſſemblés à Lintz, „ & l'embarquement s'exécuter le 27. On „ prendra à Vienne un nouveau train de „ pontons & de groſſe artillerie.

„ Cette vigueur de la part du Divan „ s'eſt-elle déployée de ſon propre reſſort? „ lui a-t-elle été inſpirée ? Le grand Sei„ gneur & le Vizir ont-ils été emportés „ par l'impatience & les cris d'un peuple „ dont l'orgueil eſt depuis longtems irrité „ des avanies révoltantes qu'on a faites „ au Croiſſant ? Il eſt plus qu'apparent „ qu'en réuniſſant ces trois motifs dans un „ ſeul, on ne ſe trompera pas ſur la cauſe „ réelle d'une exploſion auſſi peu attendue ; „ ce qu'il y a d'évidemment certain, c'eſt „ qu'en ſe bornant à fixer ſes regards ſur „ les ſeuls préparatifs des eſcadres deſti„ nées pour la Mer noire, & ſur l'eſpece „ ſurtout de quelques-uns des bâtimens „ qui doivent y être employés (*); on

(*) On lit dans quelques papiers publics qu'il eſt queſtion de batteries flottantes.

„ ne peut pas trop ſe refuſer au ſoupçon „ que le génie étranger a eu quelque „ part dans ces diſpoſitions, au moins „ comme proviſoires, & le grand intérêt „ qu'un œil plus perçant que celui de M. „ de *Vergennes* peut avoir apperçu à met„ tre l'activité utile à la place de la con„ deſcendance dangereuſe, mériteroit dans „ ce cas les plus juſtes éloges.

„ Quoi qu'il en ſoit, il eſt ſûr à l'aſpect „ de ces préparatifs, que la Porte, réſolue „ à la fin d'arborer l'étendart de ſon pro„ phête & de venger ſes humiliations, ne „ pouvoit pas choiſir un moment plus fa„ vorable pour ſe déclarer, que celui où „ une grande partie des troupes autri„ chiennes deſtinées à une expédition „ éloignée, lui laiſſeroit le tems de réunir „ pendant le reſte de la ſaiſon ſes efforts „ & ſes moyens contre *Catherine* iſolée. „ Si les Turcs ſont aſſez heureux pour „ bien remplir cet intervalle d'un mois ou „ ſix ſemaines, & ſurtout par le recouvre„ ment de la Crimée (ce qui eſt très poſ„ ſible, ſi rendus à leur courage indigene, „ ce courage eſt employé & dirigé comme „ il peut & doit l'être) le reflet de cette „ diverſion influera eſſentiellement ſur la „ marche de tous les autres événemens „ qui ſe préparent dans la partie centrale „ de cette grande exploſion que tant d'in„ dices ſe réuniſſent pour annoncer.

„ En reconnoiſſant ainſi l'inſtabilité des „ événemens, on eſt bien éloigné de ſoup-

„ çonner un auſſi grand Prince que *Joſeph* „ *II* de verſatilité dans ſes meſures & dans „ ſes réſolutions. La tranſpoſition actuelle „ d'une partie de ſes moyens ne lui fait ſu- „ rement pas oublier l'objet auquel il les „ avoit deſtinés ; en retournant au Danu- „ be, on peut être aſſuré qu'il ne perd pas „ l'Eſcaut de vue ; ſon génie eſt exercé à „ embraſſer les plus grands eſpaces ; & lorſ- „ que le ſpéculateur replie ſes réflexions „ ſur les armemens effectifs de toutes les „ Puiſſances du Corps germanique, & qu'il „ enviſage ces armemens comme une ſuite „ poſſible d'un concert au moins commencé „ entre les cours de Vienne & de Berlin, „ il croira voir dans ces mêmes armemens „ conſiderés comme un ſupplément éven- „ tuellement préparé, de quoi juſtifier la „ prévoyance de l'Empereur ſur l'événe- „ ment ſubit qui a ſi inopinément détermi- „ né la contre-marche des Corps deſtinés „ à ſe porter entre l'Eſcaut & la Meuſe.

„ Quelques papiers publics ſe ſont réunis „ pour citer l'apparition momentanée d'un „ perſonnage important qui, à peine arrivé „ à Vienne, s'eſt rendu tout de ſuite à l'*au- „ garten* auprès de l'Empereur, a eu avec „ lui un entretien particulier de quelques „ heures, & eſt reparti le même jour, „ après avoir payé très généreuſement „ l'hôte chez lequel il étoit deſcendu ; ces „ mêmes papiers ont déſigné, les uns le „ Duc des Deux-Ponts, les autres le Roi „ de Pruſſe :

„ On croit être sûr (si tant est que le fonds de la nouvelle de l'apparition soit vraie) que ce n'est pas le premier de ces princes, & on ne croit pas que ce soit le second, mais on seroit assez disposé à croire que le soupçon pourroit tomber sur le Duc régnant de Saxe-Weymar, & on adopteroit d'autant plus cette idée, qu'ainsi qu'on le verra dans une lettre du 2 de mars dernier qui fait partie de cette collection, ce même prince auquel toute l'Allemagne se réunit pour accorder de grandes lumieres, de grands talens & une grande activité, a déjà fait un de ces voyages mystérieux, il y a quelques mois; qu'il est particulierement honoré de la confiance & même de l'amitié de S. M. Prussienne, & qu'un négociateur aussi propre par son état de souverain lui-même, & de souverain très-éclairé, à être le dépositaire & le garant d'une parole que les deux monarques se seroient donnée entre ses mains, pourroit bien avoir consommé dans une seule conférence de cœur à cœur & de roi à roi, un rapprochement entier & confidentiel qui auroit occupé beaucoup de temps des négociateurs ordinaires. „

„ On n'ajoute pas à une conjecture aussi légerement fondée plus de foi qu'elle ne mérite, mais on regarde cependant cette indication au moins comme essentielle à être approfondie; & si elle pouvoit être parfaitement éclaircie, les conséquences qu'il y auroit à en tirer seroient de la plus grande importance. „

„ Quelques obſervations réunies ſont de nature à faire ſentir toute l'attention qu'il peut convenir de donner aux marches de M. le duc de *Weymar:* C'eſt dans ſes états que le duc *Louis de Wolſſenbuttel* a choiſi de préférence ſon azile depuis ſon départ d'Aix-la-chapelle, ce qui ſuppoſe entre ces deux princes beaucoup d'amitié & de confiance ; c'eſt ce même duc *Louis de Wolſſenbuttel* qui a placé la plus grande partie des officiers de l'armée de la République & des Régences des villes ſous le nom du Prince ſtathouder, qui avoit en lui une confiance ſans réſerve ; il a eu comme Feld-maréchal général la connoiſſance la plus exacte & la plus détaillée de tous les moyens internes & externes de la république. Il eſt preſqu'impoſſible que ne fût-ce qu'à titre de reconnoiſſance, il n'ait encore des relations très intimes avec la plus grande partie des membres les plus diſtingués du parti ſtathouderien, dans l'armée, dans la marine & dans les régences; il a été griévement offenſé par le parti patriotique, il aime la perſonne du ſtathouder, c'eſt le chef de ſa maiſon qui commande l'armée de S. M. Pruſſienne, & qui peut-être peut ſe paſſer du concours des troupes autrichiennes pour effectuer les vues combinées des deux cours pour les avantages mutuels & reſpectifs dont elles peuvent être convenues, & pour aſſurer au Prince ſtathouder l'état perſonel qu'il n'eſt pas impoſſible qu'elles lui aient déterminé, En ſuivant cette obſervation conjecturale, il ſeroit aſſez vraiſemblable qu'on eût pris en conſidération les difficultés de pourvoir à la ſubſiſtance d'une quantité de troupes auſſi ſurabondante dans un même pays, & que ces conſidérations réunies & appuyées par un prince dont la parole eſt faite pour équivaloir à toute précaution proportionnelle, euſſent porté l'empereur à s'en remettre entièrement à la conduite de M. le duc régnant de Brunſwick pour opérer le ſuccès de tous les arrangemens convenus & conſentis dans la nouvelle alliance. „

„ Cette conjecture paroîtra au moins vraiſemblable, en la rapprochant de l'idée qu'on a ſuppoſée plus haut à *Joſeph* II de penſer peut-être à calmer toute eſpece d'inſurgence chez ſes ſujets Belgiques, en déterminant tous les cœurs à la reconnoiſſance par le bienfait ſignalé de l'ouverture de l'eſcaut & de la communication avec la mer. „

„On répete que toutes ces indications ne ſont que purement conjecturales, mais on croit devoir regarder comme quelque choſe de plus fort que des ſimples conjectures, le corollaire qu'on tire de cet armement collectif & ſimultané de toutes les Puiſſances de l'empire germanique. Le paſſage de bateaux chargés d'uniformes & l'annonce d'autres bateaux chargés de munitions pour Duſſeldorp, où il doivent être ſuivis par un corps de huit ou dix mille Palatins, qui doivent être eux-mêmes remplacés par douze mille bavarois ſont des indices très marquans qui ſont totalement indépendans du plus ou du moins de réalité qu'il peut y avoir, & dans le fonds de la nouvelle de la venue d'un perſonnage important à l'Augarten, & de l'application conjecturale qu'on en a fait à M. le Duc régnant de Weymar. „

Peu de jours après l'envoi du mémoire du 12 ſeptembre 1786, l'auteur eut connoiſſance des ordres que la chancellerie de guerre de Berlin avoit fait paſſer à tous les officiers Pruſſiens chargés de faire des recrues daus les villes impériales du cercle du haut Rhin, pour preſſer celles des quatre nouveaux corps francs que S. M. Pruſſienne faiſoit lever & pour les porter promptement au complet, en enrôlant à tout âge & à toute taille : Il ne put pas douter de l'exécution immédiate de cet ordre en voyant paſſer un convoi de ſoixante de ces recrues, entre leſquelles il apperçut des vieillards & des enfans qu'on auroit certainement refuſés & rejettés dans une circonſtance moins preſſée : ces indices, ſans être abſolument poſitifs, lui parurent cependant aſſez marquans par le rapport qu'ils avoient avec tout ce qu'il avoit ſpéculé dans le mémoire du 12, pour négliger d'en faire paſſer à l'avis ſon noble correſpondant.

Sur des notions aſſez intéreſſantes qu'il eut dès les premiers jours d'octobre de quelques préparatifs faits dans le pays d'Hervorden & le comté de Bilefeld, rapprochées de ce qu'il avoit lu dans une lettre de Berlin, écrite par un homme en place & inſtruit, ſur la propoſition faite par quelques membres des états d'Amersfort, & ſollicitée au nom du prince ſtathouder pour engager S. M. Pruſſienne à concourir à une ſurpriſe de la ville d'Utrecht, projet alors d'une exécution d'autant plus facile que le parti ſtathouderien étoit encore puiſſant dans cette capitale, & d'autant plus vraiſemblable pour l'obſervateur, qu'on affectoit dans preſque tous les papiers publics votans pour la cauſe ſtathoudérienne, de déterminer ſur la ville de Zwol les réſolutions & les meſures qu'on annonçoit avoir été priſes dans le ſéjour de la cour ſtathoudérienne à Loo, il jugea qu'il pouvoit être important d'en donner l'éveil, & il le fit.

C'eſt à cette même époque, que plus convaincu que jamais de l'intervention finale & impoſante du roi de Pruſſe dans la cauſe du prince ſon beau-frere, il conçut un plan qui, ſans manquer à aucun des égards de ſureté & de reſpect dus à toutes les têtes auguſtes de la maiſon ſtathoudérienne réunies dans la ville de Nimégue, auroit privé dans un ſeul jour tous les partiſans du pouvoir ſtathoudérien, de la facilité dangereuſe qu'ils ont eue depuis, de ſe ſervir du nom & des droits attachés aux charges de capitaine & d'amiral général, pour adreſſer, comme ils ont fait, aux corps de l'armée Républicaine & aux amirautés, des ordres absolument contradictoires au projet de réforme constitutionelle auquel tendoient évidemment toutes les démarches du parti patriotique.

D'autres notions (celles-ci étoient parfaitement sures & du plus grand intérêt) qu'il eut, dès les premiers jours du mois de Novembre, sur les intentions de l'Empereur relativement au nouveau fort du *Hazen-Graz*, lui parurent si sérieuses qu'il jugea (& il pense encore que c'étoit avec grande raison) qu'il rendroit non seulement un grand service personel au patriote clairvoyant auquel il avoit voué estime & confiance, mais même à la République, en lui communiquant avec détail *de ore ad os*, non seulement le plan de formation qu'on vient de lire, & ses idées sur l'essai *décisif* qu'on en pouvoit faire dès le moment même, mais aussi les différens (*) mémoires qu'il avoit remis à différentes époques dans l'affaire de l'Escaut, tant à M. l'Ambassadeur extraordinaire de la République à Paris qu'à M. d. *B.* à la Haye, & particulierement celui du 8 juillet 1785; mémoire d'autant plus interessant à consulter, qu'il avoit été fait dans un tems où le feu Roi de Prusse vivoit, & où on pouvoit faire fonds sur une opposition efficace de sa part,

(*) Tous ces mémoires relatifs à l'affaire de l'Escaut, feront la matiere du premier cahier de la présente collection.

aux

aux vues de la Cour de Vienne, & qu'il n'étoit peut-être pas auſſi certain depuis ſa mort, qu'on trouvât les mêmes diſpoſitions & les mêmes vues dans *Frédéric Guillaume*, & que cette incertitude étoit de nature à allarmer *à fortiori* ſur les dangers que la République pouvoit avoir à courir dans le cas de la grande exploſion qui étoit indiquée & diſcutée dans le même mémoire.

Dans l'impoſſibilité où il ſe trouvoit à cette époque de ſuivre l'impulſion de ſon zele, il s'adreſſa avec d'autant plus de franchiſe & de confiance à ſon noble correſpondant pour lui en procurer les moyens, en lui faiſant prêter une ſomme de 3000 fl. qui lui étoient néceſſaires pour quelques arrangemens domeſtiques préliminaires & pour le voyage, que la cauſe principale de ſa détreſſe étoit le voyage diſpendieux qu'il avoit fait à la Haye & le ſéjour infructueux qu'il avoit fait dans cette réſidence, pendant les mois de Mai, Juin & Juillet 1785.

La réponſe de M. le B. d*** à ces différentes lettres eſt du 10 Décembre 1786.

Monſieur, agréez mes remercimens & ma parfaite reconnoiſſance pour les informations intéreſſantes & ſi bien aviſées qu'il vous a plu de me faire parvenir. Je dois vous témoigner d'abord combien je ſuis ſenſible à la part que vous prenez à la ſituation de ma malheureuſe patrie, & je dois encore vous faire mes excuſes d'avoir tardé auſſi longtems à m'acquitter de ce devoir.

Il eſt vrai, Monſieur, qu'on a ſaiſi pour avancer l'armement national le moment où l'Empereur a voulu faire valoir ſes prétentions; vous ſavez que de tems immémorial nos bourgeoiſies ont été armées; à la vérité cette même ariſtocratie qui a toujours ſuſcité les dangers où la République s'eſt trouvée, a toujours cherché à empêcher cet armement; vous en pénétrerez les motifs. Aujourd'hui la nation eſt fermement réſolue à ne point ſe déſaiſir de ſes moyens de défenſe, & cette précaution, fondée dans notre conſtitution, eſt abſolument néceſſaire dans une République ariſto-démocratique. Vous conviendrez en appréciant notre poſition, qu'elle n'eſt pas inutile. De plus, par une direction ariſtocratique les Régences ſe ſont miſes à la tête des bourgeoiſies armées; la nation en ſent le danger, & on veut abſolument ſéparer le bras armé du légiſlatif, afin d'établir l'équilibre entre les droits de la nation & ceux de ſes repréſentans.

Je veux bien croire que le Roi de Pruſſe prend fort à cœur les intérêts de la Princeſſe ſa ſœur & de ſon beau-frere: mais j'oſerai preſqu'aſſurer après les informations que j'en ai, que ce Monarque n'en viendra jamais à des voies de fait pour les ſoutenir.

Vous ſaurez ſans doute que la Cour de Berlin travaille dans ce moment-ci, de concert avec celle de Verſailles, à faire comprendre au Stathouder qu'il eſt plus que tems de revenir ſur ſes pas & de concourir par conſéquent au rétabliſſe-

ment de la bonne harmonie dans cet Etat: ces deux Puiſſances ſont trop ſages & trop éclairées pour ne pas apprécier la diſpoſition des Bataves qui eſt telle qu'ils ne peuvent pas ſe contenter d'un arrangement en apparence, & qu'ils exigent, à juſte titre, une réformation formelle fondée ſur les droits & les privileges aſſurés au prix du ſang de leurs ancêtres, & qui, quoiqu'atteints de tems en tems par des menées ariſto-ſtathoudériennes, n'en reſtent pas moins irrévocables.

On travaille depuis quelques ſemaines (depuis l'arrivée de M. de Rayneval) *très ſérieuſement à la Haye à un plan de pacification; M.* de Gœrz *en eſt inſtruit. Le Prince Stathouder devra s'expliquer inceſſamment, mais en même tems la nation reſte ſur le qui vive, en ſe préparant très ſérieuſement, en cas d'obſtination du parti adverſe, à mettre une prompte fin aux diſſenſions qu'une main perfide a ſu nourrir juſqu'à préſent.*

Louis XVI *eſt intéreſſé au rétabliſſement de la conſtitution altérée, ſans quoi l'alliance tant déſirée ne tourneroit qu'à ſon déſavantage.*

On m'aſſure de ſource que les chicanes de M. de Belgiojoſo *déplaiſent au chef de l'Empire, & que ce miniſtre d'un caractere remuant va être rappellé.*

Au reſte, Monſieur, je ſuis fort de votre avis que le ſacrifice que la République a bien voulu faire pour le rétabliſſement de la paix avec Joſeph II, *peut avoir des ſuites dangereuſes pour cet Etat; vous vous rappellerez que je* m'y ſuis oppoſé autant que poſſible dans ma ſphere. (*)

L'Empereur tentera toujours d'avancer le commerce & la navigation de ſes ſujets belgiques, au détriment de ceux de la République.

Il eſt vrai que l'alliance de la France doit nous raſſurer à ce ſujet, mais les intérêts des Souverains, & ſurtout ceux du premier rang, ſe rangent ſi facilement ſuivant les occurrences!

J'aurois bien déſiré, Monſieur, avec nombre de bien intentionnés que nous euſſions pu faire l'acquiſition de votre perſonne; vos talens, vos lumieres, votre zele déſintéreſſé ſont appréciés à leur juſte valeur, & c'eſt en conſéquence de tout ce que nous ſommes redevables à vos bonnes & nobles intentions, que je déſire de ſatisfaire à la demande que vous me faites dans votre lettre du 28 Novembre dernier. Je dois convenir que 3000 florins ſeroient faciles à trouver; je veux tâcher d'y pourvoir, & je voudrois que ma ſituation me permît d'en faire l'avance à un homme de tant de mérite; mais je dois vous avouer franchement, Monſieur, après tout ce que j'ai dû ſacrifier depuis pluſieurs années pour le ſoutien de la bonne cauſe, que les facultés me man-

---

(*) Et c'eſt effectivement cette nerveuſe oppoſition digne d'un vrai Batave, qui a déterminé l'hommage que l'auteur lui a fait de ſa confiance, en lui adreſſant le Mémoire du 12 Septembre 1786. Il a encore ajouté à ces ſentimens par le déſir ſincere qu'il a eu de l'obliger, & quoique les circonſtances ne lui ayent pas permis de réaliſer ce déſir, il n'en goûte pas moins la ſatisfaction à lui payer publiquement le tribut d'une juſte reconnoiſſance.

*quent. Vous n'ignorerez peut-être pas la situation où je me trouve par les persécutions que mes ennemis viennent de mettre en avant; l'issue en est incertaine; Dieu sait & connoît seul les suites qu'un acharnement aussi sérieux peut avoir. Quoi qu'il en soit, je tiendrai ferme; mon zele désintéressé me tranquillise au point que je me rappelle sans cesse le passage d'*Horace *dont tout homme integre se ressouvient avec satisfaction.*

J'ai l'honneur d'être, &c.

Cette lettre du 12 Septembre n'étant parvenue à son adresse que le 27 du même mois, la réponse suivante partit dès le 28 pour être rendue le 7 ou le 8 Janvier 1787.

„ Monsieur, je viens de recevoir la lettre que vous m'avez fait l'honneur de m'écrire en date du 12 d'Octobre. La noblesse de vos expressions & celle de votre procédé me pénetrent de reconnoissance; je vous prie d'en recevoir les vives assurances, en attendant le moment où je pourrai vous les renouveller; le suffrage de l'homme d'Etat vertueux est le prix le plus flatteur d'un zele dont il me tarde d'être à portée de vous faire juger la pureté & peut-être l'utilité. (*) „

(*) Cette utilité portoit sur l'exécution du projet d'expédition conçu par l'auteur, tel qu'elle est indiquée dans la note adressée au corps de Bourgeoisie Batave, à la suite du plan de Formation soumis au jugement que cette même Bourgeoisie en portera.

„ Je ſuis glorieux, Monſieur, d'avoir toujours penſé comme vous ſur l'importance dont il eſt à votre République que votre brave bourgeoiſie ſoit armée ; frappé de tous les traits de patriotiſme héroïque que l'hiſtoire nous a conſervés, j'avois ſous les yeux la ſurpriſe de la Brille, celle du château de Louvenſtein, les défenſes de Leyde & d'Utrecht, quand j'annonçois dès le mois de Novembre 1784, dans un Mémoire remis à votre ambaſſadeur extraordinaire, les idées que j'ai plus étendues dans celui du 29 Juin 1785 que j'ai remis moi-même à M. de *B.* à la Haye, & dans lequel j'ai conſigné ma façon de juger tout le parti qu'on pourroit tirer de cette aſſociation libre des enfans de la patrie : avantage d'autant plus précieux, ajoutois-je, & d'autant plus fait pour en impoſer aux ennemis & donner confiance aux amis de votre Etat, qu'il eſt uniquement réſervé à votre République, excluſivement à toutes les autres puiſſances de l'Europe. „

„ C'eſt d'après cette opinion fondée de valeur nationale, que je propoſois l'eſquiſſe d'un plan de formation & d'armement que j'eſtime encore aujourd'hui être infiniment plus convenable & plus avantageux dans tous les cas, que celui qu'on a ſuivi, beaucoup plus, à ce que je crois, par habitude & par imitation que par réflexion. Je ſubordonnois ces idées à tous les changemens que l'intérêt de la conſtitution & de la prérogative civile exigeroient, & je me bornois principalement à faire envisager ce corps ainsi formé, comme le moyen le plus sûr de fixer la victoire sous les drapeaux de la République, en cas d'agression hostile, telle que celle dont elle étoit ménacée alors par l'Empereur, & de plus comme un frein nécessaire dans sa constitution, à l'autorité militaire confiée entre les mains d'un seul, susceptible d'en abuser ou par lui-même, ou par des conseils pernicieux. Je regardois en un mot, & je regarde encore ce corps (surtout s'il est armé & employé comme je pense qu'il doit l'être) comme le véritable Palladium de la liberté, de l'indépendance & de la prospérité publique au dedans & au dehors. „

„ J'avoue que j'ai pensé, (& en cela j'ai été d'un avis différent du vôtre) que c'étoit au pouvoir législatif à guider & conduire le bras armé; je suis parti dans mon opinion du principe invariable que l'*unité d'ordre est indispensable dans tout effort collectif* (*), & je me rassurois contre la crainte d'abus d'autorité de la part des Régences, en pensant que l'influence de cette bourgeoisie toujours armée, seroit dans tous

(*) Il paroît par les changemens que les bourgeoisies ont effectués dans différentes villes, qu'on a senti depuis la vérité de l'axiome ; mais ce n'est pas assez que de prendre la moitié du remede : on croit toujours que le grand bien est dans la formation indiquée, & que les plus grands inconvéniens, comme les plus grands malheurs peuvent résulter de la formation actuelle.

les cas & dans tous les tems, assez imposante pour empêcher qu'on ne mît à sa tête des Régens dont les principes ne lui seroient pas agréables, & pour qu'on osât lui en donner d'autres que ceux dont le patriotisme leur seroit assez connu pour qu'ils consentissent à confier à leur direction leurs intérêts les plus chers. „

„ Je désire sincerement, Monsieur, que le plan de conciliation projetté entre les deux Cours de Versailles & de Berlin, soit aussi sincere d'une part que de l'autre, & que le Roi de Prusse veuille sérieusement porter le Prince son beau-frere à une *réformation constitutionelle*, qui en abrogeant pour toujours le pernicieux réglement de 1674, mette de justes bornes à l'autorité d'un seul, dans une société indépendante & souveraine; si cette négociation est loyalement suivie des deux côtés, & que les deux cours négociatrices soient réellement de bonne foi, il y auroit lieu d'espérer que le plus grand bien pourroit encore sortir d'un très-grand mal, & alors je regarderois cette révolution inattendue comme aussi importante pour vous, que celle qui fixa si glorieusement votre liberté sous vos Peres; mais je ne vous dissimulerai pas, Monsieur, que je ne suis pas à beaucoup près tranquille sur *l'intériorité* des vues de S. M. Prussienne, & j'insiste encore (ne fût-ce que par surabondance de précautions) sur l'importance des notions que je vous ai fait passer, & je penferois furtout qu'il pourroit être effentiel de ne pas négliger d'avoir toutes les nuits, particulierement dans celles d'une forte gelée, des obfervateurs intelligens fur les différentes avenues d'Utrecht, qui, au moyen de fignaux convenus, puffent fixer la furveillance de ceux auxquels la garde des portes & des remparts de cette ville devroit être confiée, dans le cas d'une tentative de furprife de cette ville, objet qu'on a quelques raifons de croire avoir été projetté dès le féjour de la Cour ftathoudérienne à Loo, & propofé depuis à celle de Berlin par quelques-uns de MM. les Etats d'Amersfort. „

Ce qu'il y aura de plus particulierement à remarquer, Monfieur, ce fera la réponfe du prince ftathouder aux propofitions de la Haie : il eft fûr que ce prince n'a rien dit, écrit & fait de lui-même, & il eft également fûr que ce fera la cour de Berlin elle-même qui dictera fa réponfe ; c'eft donc uniquement par cette réponfe même qu'il faudra juger les vues & les intentions réelles du roi de Pruffe. „

„ A l'égard de la France, je fuis François, Monfieur, & perfonne n'aime plus que moi la gloire de fon maître & celle de fon pays ; je n'ignore point les tentatives qui ont été faites à différentes époques pour tâcher de rétablir votre conftitution primitive, contre les prétentions & les exigences de vos Stathouders, & je fens comme vous, combien il importe plus particulierement aujourd'hui que jamais à la France, après le traité d'alliance qu'elle vient de conclure avec votre République, de concourir efficacement à la réforme d'abus qui ſans cela tourneront contr'elle-même, ſi on ne parvient pas dans ce moment-ci à les déraciner, mais je ne dois pas non plus diſſimuler au patriote clairvoyant auquel je ne puis mieux marquer eſtime & attachement que par une entiere confiance, que je connois auſſi une partie des entraves intérieures qui peuvent retenir le cœur, l'eſprit & le bras du roi : que j'ai vu ſurtout trop près & ſuivi trop attentivement le génie cunctateur de M. le comte de *Vergennes*, pour ne pas craindre tout le danger des irréſolutions (*), des calmans, & des demi-ſacrifices, quand le parti le plus décidé & l'exécution la plus rapide ſeroient peut-être le plus néceſſaires. Cette obſervation porte entr'autres ſur le danger dont peut être la propoſition d'acheter du Prince ſtathouder la rénonciation à la prérogative civile par la reſtitution du pouvoir militaire. A-t-on bien peſé, Monſieur, les ſuites que peut avoir ſur l'eſprit des militaires qui ſont actuellement ſous la banniere d'Hollande, la certitude des diſpoſitions où on eſt dans cet Etat de les remettre dans les mains de ce Prince? Je vous prie, Monſieur, de comparer cette réflexion avec ce que j'ai écrit ſur ce ſujet dans le mémoire que

(*) *Inde mali labes.*

je vous ai fait parvenir en date du 12 ſeptembre dernier. M. de *Vergennes* aura toujours beſoin d'être ſurveillé ſur ſa diſpoſition habituelle de chercher à rapprocher les eſprits & les intérêts par voie de compenſation; ce que nous avons vu réſulter l'année derniere des négociations relatives à l'Eſcaut, n'eſt pas autrement propre à autoriſer la confiance avec laquelle la République ſe repoſeroit ſur la parité d'intérêt que peut avoir la France au rétabliſſement de la conſtitution altérée : je crois d'après les principes des d'*Avaux* & des d'*Eſtrade*, que la France avoit un très grand intérêt à maintenir dans l'intégrité de ſes diſpoſitions le traité d'Oſnabruck, & de barrer l'Empereur dans les premieres démarches que ce Prince faiſoit vers le rétabliſſement de ſa marine flamande; & cette conſidération n'a pas empêché M. de *Vergennes* de négocier lui-même des ceſſions qui, aux yeux de tout homme de guerre éclairé *& de bonne foi*, aſſurent dès ce moment-ci à *Joſeph II* l'exécution de ſes grandes vues, à l'époque qu'il jugera la plus convenable à les développer. J'honore véritablement la probité de M. de *Vergennes*, mais je l'ai vu ſi conſtamment le miniſtre de la veille & jamais celui du lendemain, que je ne crois pas qu'il ſoit prudent de faire fonds ſur ſa prévoyance, & ce n'eſt cependant qu'avec elle que la bonne politique peut s'aſſurer les moyens de prévenir. „

„ Je vous avoue même, Monſieur, que je ſerois aſſez porté à croire que le mécontentement prétendu qui fait, dit-on, rappeller le comte de *Belgiojoſo* de Bruxelles pourroit bien partir du même cabinet; je me rappelle avoir entendu tenir & répéter les mêmes propos à Paris, il y a dix-huit mois, à quelqu'un qui aime fort votre république, & qui ſuivoit avec attention alors tout ce qui pouvoit l'intéreſſer; & il me ſoutenoit à moi-même, d'après ce que lui avoit dit M. le comte de *Vergennes*, que M. le Prince de *Kaunitz* avoit totalement fait revenir S. M. Impériale de toutes ſes idées ſur l'Eſcaut, que toutes ſes prétentions n'avoient pas, à beaucoup près, une date auſſi ancienne que je le penſois, qu'elles avoient été ſuggérées par M. de *Belgiojoſo* ſeul, & que l'Empereur ne demandoit qu'à ſortir honorablement & d'une façon convenable à ſa dignité, du pas hazardeux dans lequel on l'avoit engagé. „

„ C'eſt avec ces notions phantaſtiques & purement idéales du cabinet de Vienne, qu'on eſt parvenu à ſuſpendre & arrêter d'abord, & enfin à rejetter abſolument les moyens qui avoient été propoſés (*), les vrais moyens, les ſeuls peut-être qu'il convient à la dignité & à la ſureté de la Répu-

(*) Dans le premier des mémoires contenus dans le prochain cahier. Ce Mémoire eſt celui du 3 Novembre 1784.

blique d'employer pour couper tout d'un coup la tête d'une hydre de difficultés qui par une suite même de la convention de Fontainebleau, à la faveur de la clause qui y a été insérée relativement à la liberté absolue de la navigation réservée à l'Empereur dans l'intérieur des terrains qui lui appartiennent, ne cessera de renaître & de se reproduire dans toutes les occasions & sous toutes les formes, jusqu'à ce qu'on soit parvenu à enlever à la République la totalité du Brabant hollandois. „

„ Quand il seroit vrai que le comte de *Belgiojoso* eût effectivement déplu à son maître par quelqu'acte précipité dans les objets confiés à son administration, il est certain que ce ministre n'a pu prendre sur lui la construction du nouveau fort du Hazen-graz, & cette construction seule suffit pour déterminer les vues ultérieures de l'Empereur. „

„ Il est évident que le Hazen-graz est ou inutile, ou dangereux, & sa construction ne peut avoir d'autre objet utile que celui de couvrir & de protéger les navires autrichiens qui voudront profiter du bénéfice des eaux du Zwin pour communiquer par les canaux intérieurs des villes de Gand, Bruges & Anvers avec la mer; le nouveau fort est donc par le fait même de son existence l'annonce la moins équivoque d'un projet formé de soutenir par la force l'infraction la plus manifeste de la souveraineté absolue qui a été exclusivement réservée à la république ſur les trois embouchures de l'Oueſt-Schelde. „

„ Je prévois encore qu'on pourroit bien vous conſeiller, crainte de pis (& ſurtout dans les circonſtances actuelles) de céder encore ſur ce point à l'Empereur, en fixant le port des bâtimens qui pourront profiter du paſſage du Zwin, à 100 ou 150 tonneaux, ce qu'on vous préſentera comme un objet aſſez peu important pour pouvoir nuire au commerce des ſujets de la République. Que réſultera-t-il, Monſieur, de ce tempérament conciliatoire, ſi tant eſt qu'il ait lieu? Qui jugera, qui jaugera le port de ces navires Flamands? Si ce ſont des prépoſés de la république, matiere à diſcuſſions continuelles, & conſéquemment à de continuelles déférences: ſi on s'en rapporte à la bonne foi des armateurs autrichiens, il n'eſt pas difficile de voir d'avance, que le port des vaiſſeaux augmentant toujours graduellement, ils ne feront pas longtems à finir par être des fluttes, des gabarres, & autres bâtimens du port le plus conſidérable. „

„ On verra une marine militaire ſortir inſenſiblement de cette extenſion de la marine marchande, & telle infériorité que cette marine dût avoir longtems vis-à-vis la marine de la république accoutumée depuis longtems à combattre & à vaincre ſur ſon élément; en conſidérant cependant tout le parti que pourroit tirer le Pavillon autrichien, de tous les établiſſemens terriens que l'Empereur a ſur l'Eſcaut, il n'y a point, je crois, de Républicain attentif qui ne ſente d'avance tout ce qu'il y auroit à craindre pour les fortereſſes du Brabant hollandois. „

„ Glorifiez-vous, Monſieur, & avec juſte raiſon de l'oppoſition conſtante & motivée avec laquelle vous avez combattu ces ceſſions ſi pernicieuſes à la gloire & à la ſureté de la patrie qui vous eſt chere. On ne ſera pas bien longtems ſans ſentir tout le poids des avis que vous avez ouverts. Je n'ai pas de peine à croire qu'avec des vues droites & une ame élevée, libre de toute impulſion étrangere & de toute dépendance intérieure, comme il convient d'être à un noble républicain, vous n'ayez un grand nombre d'ennemis. J'ai vu dans les papiers publics une partie des perſécutions auxquelles vous étiez en but, j'en ai rougi pour vos perſécuteurs & je vous en félicite : Qui plus, & autant que vous, a le droit de ſe rappeller le conſolant *Juſtum & tenacem?* Je vous vois tenant dans ces momens de criſe, la banniere de la République ; il faut que la majorité d'abord, & enſuite la totalité ſe réuniſſe à vous, ou elle ceſſera d'être ſouveraine. Ce que je puis vous ajouter pour moi-même, Monſieur, c'eſt que tel que ſoit ou puiſſe être votre ſort, je tiendrai toujours à honneur de le partager. „

„ J'ai celui d'être, &c. „

Très-peu de jours après le départ de cette lettre, on eut des notions aſſez préciſes d'une grande fermentation dans le cabinet de Saint-James; la perſonne dont on les tenoit auguroit que le lord *Stormont* alloit rentrer au miniſtere, & on donna d'autant plus d'attention à cette nouvelle, que les idées qu'on avoit eues ſur les diſpoſitions de ce lord en faveur de *Joſeph* II contre la République, telles qu'on les verra conſignées dans un des mémoires de cette collection, quoique ſimplement conjecturales, avoient paru dans le tems ſi vraiſemblables, qu'on jugeoit important dans ce moment-ci de ne rien négliger pour les approfondir.

La réponſe du prince ſtathouder aux propoſitions de la Haie, qu'on avoit indiquée avec raiſon dans la lettre précédente, comme la pierre de touche la plus ſure des réſolutions réelles & intérieures de S. M. Pruſſienne, n'étoit plus douteuſe, & elle étoit formellement négative. On ſentoit tout le mal qui devoit réſulter dans l'eſprit des militaires de la connoiſſance qu'ils auroient des diſpoſitions où étoient Leurs Nobles & Grandes Puiſſances de les remettre ſous la main du prince, pourvu qu'il renonçât à quelques droits de ſa prérogative civile.

Il avoit paru une lettre de S. A. R. Madame la Princeſſe d'Orange en réponſe au comte de *Goertz*, ſur les propoſitions mêmes de M. de *Rayneval*, & ſur la forme dans laquelle ces propoſitions avoient été préſentées; cette lettre écrite avec la préciſion la plus noble & la plus digne con-

traſtoit

traſtoit ſi avantageuſement avec celles du négociateur françois; elle portoit un caractere ſi marqué de confiance dans les cours de Londres & de Berlin, que pour peu qu'on voulût ſaiſir de bonne foi la valeur des termes, il n'y avoit pas moyen de douter du parti final que prendroient les deux Rois, & que vraiſemblablement ils avoient déjà pris.

Les mouvemens tumultueux de quelques villes d'Hollande, & qui s'étoient même manifeſtés à la Haye, indiquoient aſſez les reſſorts qui faiſoient agir le peuple : on obſervoit ſur cela qu'il n'étoit pas vraiſemblable que ceux qui excitoient des faillies auſſi indiſcretes s'aveuglaſſent ſur l'inſuffiſance évidente de ces moyens contre le parti patriotique & le Corps entier de la bourgeoiſie ; on ſe croyoit en droit d'en conclure, ou au moins de ſoupçonner qu'il pouvoit n'être queſtion que d'aigrir les eſprits au point convenable pour amener par dégrés un événement dont il étoit fort à craindre que l'entiere réintégration du Prince ſtathouder ne fût qu'un objet partiel.

Toutes ces conſidérations ramenoient à la néceſſité abſolue d'exécuter le projet qu'on avoit conçu, & qu'on ſe propoſoit de développer auſſitôt qu'on ſeroit à portée de le faire.

On regrettoit amerement que les eſpérances conçues ſur la lettre du 12 de décembre ne ſe réaliſaſſent pas.

Toutes ces réflexions furent réunies dans une lettre du 15 de janvier qu'on finiſſoit par ces mots:

„ Ce n'eſt point la marche didactique des „ délibérations qui décidera la révolution. „ Le tems des négociations s'uſe & celui des „ opérations s'approche : ſi vous ne prévenez pas, vous ſerez ſurement prévenus. „

Du 22 Septembre 1787.

„ Dans le moment même qu'on étoit étonné de la ſécurité apparente du parti patriotique à la vue d'une armée pruſſienne diſpoſée en guerre, & qui dans une ſeule marche forcée pouvoit ſe réunir au corps ſtathoudérien ; dans le moment même, que ne voyant aucun corps mobile, ſoit national, ſoit étranger en état & à portée de tenir la campagne contre les pruſſiens, on voyoit au contraire toutes les forces patriotiques régulieres ou volontaires, renfermées dans Utrecht & dans les places principales du cordon de la province d'Hollande, n'oppoſer à l'ennemi que des murailles & des inondations; dans le moment même que juſtement allarmé ſur l'inſuffiſance de ces moyens, on ne diſſimuloit point les inquiétudes (*) que donnoit une trop grande confiance dans ces défenſes purement locales ; M. le duc de Brunſvick

(*) Pages 67, 68, 69 & 70 de cette collection.

ne justifioit déjà que trop surabondamment jusqu'à quel point ces craintes étoient fondées. La justesse avec laquelle le mouvement des corps à ses ordres a été conçu & dirigé, la précision & la rapidité avec lesquelles il a été exécuté, ont enfin entierement anéanti tout espoir dans des négociations du succès desquelles on se flattoit encore deux jours auparavant, malgré les preuves les plus évidentes de l'infructuosité bien décidée d'une médiation aussi énergiquement tranchante : il ne falloit pas moins que cet événement pour déchirer entierement le voile que les chefs du parti patriotique s'étoient mis volontairement sur les yeux, & qu'ils y ont gardé avec une opiniâtreté invincible, malgré toutes les preuves multipliées qu'on n'avoit cessé de leur donner (indépendamment de ce qui en avoit été déduit dans le mémoire du 12 septembre 1786) du parti bien décidément pris par S. M. Prussienne, d'intervenir finalement à main armée dans la querelle du prince son beau-frere. C'est à ce funeste aveuglement & à l'inexcusable parcimonie qui les a portés à se refuser à la nécessité absolue dont il étoit pour le succès de leurs vues, de se mettre assez en forces pour pouvoir principalement compter sur eux-mêmes (sans cesser pour cela d'avoir une juste confiance dans l'intérêt que la puissance alliée prendroit à leur cause) (nécessité qu'on n'a jamais cessé de leur mettre sous les yeux) qu'ils ont à imputer aujourd'hui la perte de tous leurs avantages, & le danger très-inftant & réel qu'ils courent actuellement, de voir tous les efforts qu'ils ont faits, & les élans d'un courage qu'ils n'ont pas employés comme ils l'auroient pû & dû, n'aboutir, comme on le leur avoit annoncé, qu'à aggraver & perpétuer le joug de la république, fi par de nouveaux actes de vigueur proportionnés à leur fituation préfente, ils ne tentent pas, au péril même de tout leur fang & de leur fortune jufqu'à l'impoffible pour réparer le grand échec qu'ils viennent d'effuyer. „

„ Le parti fubit d'évacuer Utrecht, après avoir pris depuis plus d'un an toutes les mefures pour le défendre, jufqu'à annoncer publiquement une réfolution formelle d'employer les moyens les plus extrêmes, porte avec lui un caractere fi marqué de trouble & de précipitation, qu'on a de la peine à imaginer fur quel motif on a pu fe déterminer à une réfolution, dont le premier effet devoit être néceffairement de porter l'allarme & peut-être le découragement dans les ames d'une bourgeoifie accoutumée à regarder cette place comme fon principal boulevart, & qui conféquemment, en la voyant auffi promptement abandonnée à l'ennemi, peut avoir partagé les fentimens de terreur & d'embarras auxquels elle a attribué une réfolution auffi peu attendue; & ces fentimens font bien loin de cet héroïfme de valeur & de générofité qu'il étoit plus queftion que jamais de lui infpirer. „

„ Il n'eft pas sûr d'abord malgré tous les

préparatifs qui paroiſſoient l'annonçer, que cette place eût été régulierement aſſiégée. Soit que M. le duc de Brunſwick ne fût chargé que de la vengeance & de la réintégration du Prince ſtathouder, ſoit qu'il eût des objets à remplir encore plus directement intéreſſans à S. M. Pruſſienne, on a de la peine à ſe perſuader que ce prince eût expoſé cette belle capitale à une ſubverſion totale ; un monceau de ruines, monument de la vengeance du Prince à lui conſerver, ou un monceau de ruines à conquérir pour le roi de Pruſſe pouvoient être d'une conſidération aſſez importante pour borner l'emploi des moyens deſtructifs à de ſimples démonſtrations, dont il feroit affreux (ſi cela étoit) de n'avoir pas calculé la poſſibilité ; mais en cavant au plus fort, & dans la ſuppoſition que le ſiége fut réſolu & que le parti fut ſérieuſement pris de ſe rendre maître de la ville d'Utrecht à tel prix que ce fût, il ſemble encore qu'il n'y avoit pas d'autre parti à prendre, dans la ſituation où on s'étoit mis, que de défendre cette place & d'en ſoutenir le ſiége avec la même intrépidité qui avoit animé ſes anciens défenſeurs bourgeois; on n'avoit à attendre, on n'avoit jamais attendu d'appui que de la part de la France, & Utrecht étoit la porte la plus naturelle de ſecours ; il étoit donc infiniment eſſentiel d'en reſter le maître. On le répete, on a de la peine à concevoir quelles ſortes de conſidérations ont pu prévaloir dans l'eſprit des ſeigneurs du comité de défenſe, pour leur en faire perdre de vue qui devoient leur paroître d'un auſſi grand poids; mais enfin, ils ont ordonné l'évacuation, on a obéi & on s'eſt replié ſur Amſterdam, en abandonnant à l'ennemi une partie conſidérable de l'artillerie, & des munitions en tout genre, qui avoient été diſpendieuſement préparées pour un uſage bien différent. Le mal eſt fait; il eſt très grand ſans doute, reſte à voir s'il eſt irréparable; on ne le croit pas. „

„ Les ſecours de la France ont été trop tardifs ſans doute, on ne peut le diſſimuler; ſoit que les principes de bonne foi ſur leſquels le miniſtere françois employoit la médiation du roi, pour concilier les intérêts reſpectifs du Prince & des patriotes, lui ayent fait préſumer de parvenir à effectuer ce rapprochement, en faiſant pour elle-même & pour ſes alliés quelques ſacrifices jugés indiſpenſables au maintien d'une paix qu'on vouloit conſerver; ſoit que les embarras intérieurs ayent abſorbé toute l'attention qu'exigeoit la marche auſſi intéreſſante de cette affaire étrangere, & que la magnanimité du roi ait balancé entre ce qu'elle a cru devoir aux circonſtances du dedans, & ce qu'elle devoit au dehors à ſes alliés, il eſt certain que la France après avoir été la premiere à annoncer la réſolution d'appuyer ſa médiation de moyens efficaces, eſt effectivement la derniere aujourd'hui à en faire uſage; mais enfin ſi ſon honneur, sa gloire & son intérêt d'Etat l'exigent, il n'y a pas à craindre que le Ministre supérieur qui n'est aujourd'hui en place que pour étendre le bien que ses prédécesseurs ont voulu faire, & réparer le mal qu'ils ont fait réellement, ne s'éleve pas au dessus de toutes les difficultés. Le même homme qui a dit dès les premiers momens de son administration, que l'amour du Roi & le zèle pour son service étoient le patriotisme des françois, jugera trop favorablement de sa nation pour douter un instant des moyens & des ressources en tout genre que le roi a le droit d'en attendre, (même sans les demander) dès que sa gloire personnelle ou celle du nom françois pourroient courir le risque d'être exposés au reproche d'avoir abandonné des alliés qu'on a publiquement avoués. „

„ Les François marcheront donc, on le croit, & on croit aussi qu'ils peuvent s'ouvrir, les armes à la main, un passage jusqu'au Corps patriotique renfermé dans Amsterdam; ce ne peut être qu'à la faveur de cette réunion qu'il est encore possible de rejetter l'armée prussienne jusques sur le Rhin, (qu'ill falloit peut-être l'empêcher de passer) & de regagner pour la cause patriotique tous les avantages qu'elle n'auroit jamais dû perdre, mais qu'enfin elle a perdus. „

„ Il semble qu'il faille aujourd'hui que la République soit ou l'alliée ou l'ennemie la plus chaude de la France, & cette alternative d'attachement ou de haine entraîne des ſuites ſi importantes pour ou contre cette couronne, ſoit ſur terre, ſoit ſurtout ſur mer, qu'il paroît impoſſible que cette conſidération majeure doive ou puiſſe céder, en bonne politique, à aucune autre, telle qu'elle puiſſe être. L'acte de protection efficace que la cauſe patriotique attend de la France, eſt le ſeul qui puiſſe la relever; mais ſi elle ſe releve, ce ſera avec d'autant plus d'énergie qu'elle aura été éclairée par le danger, & qu'elle ſera plus diſpoſée à adopter pour l'avenir les vrais moyens de conſerver ſa ſupériorité, tels diſpendieux qu'ils puiſſent être. „

„ Tant qu'il reſtera volonté & fortune à la bourgeoiſie patriotique, rien n'eſt encore abſolument perdu, & ces deux moyens principalement eſſentiels ſont encore en ſa puiſſance, malgré l'entrée de l'ennemi dans ſes villes; ces mêmes moyens ſe retrouveront en entier ſi on parvient à l'en chaſſer, & ſi cela n'eſt pas auſſi facile à exécuter qu'il l'a été à M. le Duc de Brunſwick de triompher des obſtacles inſuffiſans qu'on lui avoit oppoſés, cette difficulté n'eſt après tout qu'un motif de plus pour les François de redoubler de vigueur & de valeur: on croit qu'ils le doivent, & on croit auſſi qu'ils le peuvent. „

„ On ajoute qu'en prenant ce parti, on ne ſauroit y mettre trop de vivacité & en même tems trop de circonſpection. Dans une note en date du 7 de ce mois, on écrivoit cette phrase : *la Hollande est menacée & la Hollande peut n'être qu'un pont.* L'état des choses dans cette république est aujourd'hui plus que comminatoire ; le pont est franchi & l'ennemi a passé ; a-t-il, peut-il avoir un objet, une marche ultérieure ? c'est ce qu'il seroit de la plus grande importance de prévoir pour être en mesure de le prévenir. Jusqu'à présent l'Angleterre n'a point encore agi formellement à découvert, mais on ne peut douter de son vœu dans l'affaire du Stathouder, ni de ses dispositions habituelles d'entrer dans toutes les mesures qui peuvent tendre à obscurcir la gloire ou diminuer l'influence de sa rivale. On ignore jusqu'où peuvent avoir été les assurances que le cabinet de Saint-James a données à celui de Versailles sur son désir de conserver la paix ; mais on n'ignore pas le second voyage que le Général *Faucit* vient de faire à Brunswick, à Cassel & dans quelques autres Cours d'Allemagne ; on sait de plus quel en a été l'objet ; on a observé que dans l'espace de six semaines les approvisionnemens de fourages ont été si considérables que presque partout le prix de l'avoine est monté au delà même du double ; on parle dans ce moment même & d'une maniere assez positive, de l'établissement très prochain d'un camp d'observation dans la Basse-Saxe près d'Hildesheim ; Quels objets peut avoir à observer une armée qui dans cette position sera en quelque façon placée en seconde ligne de celle que commande M. le Duc régnant de Brunſwick en Hollande ? contre qui cet armement excité & payé par l'Angleterre peut-il être dirigé ? il ne l'eſt évidemment pas contre le Roi de Pruſſe ; trois mille Munſtériens ſujets de l'Electeur de Cologne & 10,000 Saxons qui doivent en faire partie, dans un moment où l'Electeur de Saxe vient de marier le Prince *Antoine* ſon frere à une niece de *Joſeph II*, écartent juſqu'au ſoupçon que ce puiſſe être contre l'Empereur ; contre qui donc, on le demande encore, cet armement peut-il être dirigé ? l'Empire n'a rien à craindre ; l'armement général n'eſt donc pas de précaution ; l'Empire peut-il avoir un intérêt collectif pour employer des moyens violens ? on n'étendra pas encore cette réflexion au delà de ce qui a déjà été fait, mais on n'en perſiſtera pas moins à fixer ſes regards ſur cette ſinguliere aſſociation, & à l'enviſager (ſurtout dans les circonſtances préſentes du dedans & du dehors) comme une de ces combinaiſons dangereuſes qui exigent la plus grande attention, & qui peuvent exiger des réſolutions promptes & une vigueur proportionnée à la nature des périls qu'on auroit à courir, ſi on négligeoit de ſe préparer à tout événement. La ſupériorité des moyens maritimes de la France (ſi ſon alliance tient avec la République, & ſurtout qu'elle ſoit reſſerrée par la reconnoiſſance) eſt d'un ſi grand poids dans la balance des efforts qu'elle pourroit avoir à faire, qu'on ne doute pas que cette couronne ne prenne & n'ait même déjà pris les mesures les plus actives & les plus vigoureuses pour réparer un échec qui ne peut pas porter sur le parti patriotique, sans que le contre-coup de ce malheur ne puisse lui être, *ne lui soit* à elle-même infiniment préjudiciable. „

MEMOIRE

Remis à Paris le 3 Novembre 1784, à M. l'Ambassadeur extraordinaire de Leurs Hautes Puissances.

Se flatter que l'Empereur puisse encore être ramené par la voie de la persuasion, sur un objet dont il est très prouvé que ce Prince s'occupe depuis longtems, avec le ferme propos de ne s'en pas départir, & différer, sur une espérance aussi frivole, l'emploi des moyens, *les seuls peut-être* propres à faire retomber sur lui les frais & les malheurs de la guerre dont il va embraser l'Europe; ce seroit perdre volontairement tous ses avantages, & se dévouer par son irrésolution à une suite incalculable de calamités que l'activité du moment sauveroit à la République, en la couvrant de gloire.

Réunir toutes les troupes de la République sous Lillo, marcher de là droit à M. le Prince de Ligne, l'attaquer & lui paſſer ſur le ventre, s'il oſe tenir la campagne avec des forces auſſi inférieures.

S'il ſe jette dans Anvers, l'y bombarder à toute outrance, pour le mettre dans l'alternative très embarraſſante, ou, d'avoir à répondre à ſon maître de l'embraſement total d'une ville auſſi opulente, ou pour l'éviter, de courir les haſards de ſe faire affamer en ſe jettant dans la citadelle avec un Corps trop nombreux pour y ſubſiſter longtems, & d'y être conſéquemment obligé de ſe rendre.

Tirer de cette même ville d'Anvers à laquelle l'Empereur veut ſacrifier la République, des contributions aſſez fortes pour qu'elle porte tous les fraix de l'expédition, en faire, ſi la guerre a lieu, une place d'armes pour couvrir toutes les places de l'Oueſt-Schelde, profiter du dégarniſſement total des villes de la Flandre & du Brabant pour exiger les plus fortes contributions de Bruxelles, de Louvain, de Malines, de Bruges &c.

Voilà un plan de campagne qui, pour être couronné du ſuccès le plus éclatant, n'a beſoin que d'être exécuté avec la même rapidité que la plume en met à le tracer.

Tout à gagner à le ſuivre; tout à riſquer & à perdre, à le rejetter, ou même à le différer.

Objection.

Mais les Hollandois par une démarche auſſi violente, ne mettront-ils pas de leur côté tous les torts de l'aggreſſion, & ne s'expoſeront-ils pas par-là à perdre tous les ſecours que les traités leur aſſurent, lorſqu'ils reſteroint enx-mêmes dans le cas de la pure défenſe ?

Réponſe.

Ce n'eſt pas à une phraſe de manifeſte que le ſort de la République doit être attaché ; ce n'eſt pas de la force de ſes raiſons, mais de la force de ſes moyens d'oppoſition que l'opulence, la ſureté & peut-être la ſouveraineté de la plus floriſſante République va dépendre : l'Europe eſt trop clairvoyante (tel parti qu'on prenne) pour ſe méprendre ſur le véritable aggreſſeur, & dans un cas auſſi intéreſſant, c'eſt le fonds qui emporte, & qui doit emporter la forme.

Si les amis & les alliés de la République balancent, ce n'eſt pas par l'incertitude de ſavoir de quel côté eſt le droit & la juſtice, mais la prudence..., la circonſpection..., la crainte..., le défaut de confiance.... Et qui pourroit mieux inſpirer cette derniere qu'un début auſſi impoſant que celui qu'on propoſe à la République ?

Cette opération qui n'a pas beſoin de quinze jours pour être conſommée, feroit entierement terminée avant l'arrivée d'aucunes troupes allemandes ſur le Rhin, où les différens Corps qui y arriveroient, n'ayant plus en Brabant ni places, ni magaſin, ni munitions, ni artillerie, ſe trouveroient forcés d'attendre que des moyens aussi indispensables fussent réparés, ce qui ne pourroit se faire qu'avec beaucoup de tems, pendant lequel la République pourroit concerter avec elle-même & avec ses alliés le plan ultérieur de la campagne, en se sauvant par là de tous les périls & de tous les hasards, que sans cela elle peut avoir à courir même pendant l'hiver.

L'Empereur a calculé vraisemblablement sur la lenteur, & peut-être l'irrésolution des délibérations Républicaines; cette opinion peut décider essentiellement contre les vues de ce Prince, si la République profite de l'indiscrétion avec laquelle il annonce ses projets de vengeance, avant l'époque où il sera en mesure de les effectuer.

Note du 7 Novembre 1784, remise au même.

Un état exact & détaillé du corps de troupes autrichiennes qui passent actuellement de l'Empire dans les Pays bas.

L'ordre de marche sur lequel les régimens se remplacent successivement dans leurs cantonnemens.

Leurs séjours, & l'époque de l'arrivée des différentes divisions à tel ou tel endroit.

Le point central de réunion où toutes ces troupes doivent passer le Rhin.

L'intervalle qu'il y aura entre l'arrivée de l'avant-garde à ce point central, & l'arrivée des autres divisions.

De combien de troupes & de quelle espece de troupes sera composée l'avant-garde, & sur quelle direction elle marchera à la gauche du Fleuve?

Quel train d'artillerie ces troupes conduiront-elles avec elles? De combien de bouches à feu, & de quelle espece de bouches à feu, cette artillerie est composée? quelle est la quantité des munitions en poudre, cartouches, boulets, bombes, obusiers, &c. que cette armée conduit avec elle?

Est-ce par terre ou par eau que se fait le transport de l'artillerie?

Si c'est par eau (comme on le soupçonne) à quel point du Mein ou du Rhin s'est fait ou doit se faire cet embarquement?

Combien y a-t-il de bateaux employés à ce transport, & quel est sur le Fleuve l'ordre de marche de cet intéressant convoi?

Les tonneaux de poudre sont-ils distribués dans les différens bateaux, ou sont-ils particulierement placés dans des bâtimens poudriers spécialement destinés à ce service? Ces bateaux sont-ils escortés & comment?

Ce ne peut être que sur la connoissance la plus exacte de ces différens objets, que la République peut former un plan raisonné de défense pour elle-même, & concerter ses mesures avec celles de ses alliés; c'est d'après cette connoissance exacte & précise de tout ce qui la menace, qu'elle peut accélérer la décision de ces mêmes alliés, & les forcer, malgré leur irrésolution, à prendre un parti aussi décidé que le seront les intentions de l'ennemi calculées sur les rapports exacts & précis que la République aura reçus de leurs marches & de leurs moyens.

Indépendamment de ces motifs qui seroient plus que suffisans pour faire sentir toute l'importance dont il est de se procurer une connoissance aussi indispensable; il y a de plus telle circonstance possible, où la parfaite connoissance qu'on se seroit procurée sur ces différens objets, pourroit indiquer des moyens également prompts & efficaces pour le salut de la République.

On propose à Monsieur l'Ambassadeur un colonel au service du Roi, de l'intelligence & de la capacité duquel on ne craint pas de répondre comme de l'homme le plus propre à bien reconnoître & suivant les circonstances, à exécuter tout ce qu'on jugera convenir à la sureté ou à la gloire de la république.

Observations sur le Mémoire du 3 Novembre 1787.

Du 24 Septembre 1787.

„ Les plus grands hommes font des fautes ; ils les avouent & les réparent ; il n'y a que ceux qui ne font que des fautes, qui n'en avouent & n'en réparent aucune. L'Empereur en avoit fait une bien grande aux yeux de tout homme d'Etat & de guerre, en annonçant aussi hautement ses projets de vengeance, avant d'être à portée d'effectuer la menace. Il est sûr que M. le Prince de Ligne n'avoit que 11 à 12 mille hommes à ses ordres, pendant que la République en avoit au moins 24 mille parfaitement mobiles. „

„ Dans la saison la plus favorable de l'année, les Corps de troupes qu'il falloit tirer des autres Etats héréditaires pour les porter dans les Pays-Bas, exigeoient une marche de cinq ou six semaines au moins, & ce reversement étoit d'autant plus difficile & d'autant plus dispendieux à exécuter dans les commencemens d'un hyver rigoureux. Ou il faudroit renoncer à toute espece de calcul sur la conduite des événemens, ou le succès de l'expédition indiquée devoit être aussi prompt qu'assuré. Telle valeur, telle habileté qu'y eût mises M. le Prince de Ligne, il lui restoit toujours à combattre un contre deux, & toute la gloire perſonnelle qu'il eût pu acquérir en rempliſſant cette tâche difficile, la fin d'une lutte auſſi inégale devoit être ou la deſtruction ou la reddition du Corps à ſes ordres, & la pleine liberté au vainqueur d'en donner d'abſolus à main armée dans tout le Pays-Bas autrichien. L'enlevement de toute l'artillerie & des munitions qui y appartiennent, pour être diſtribuées & employées à la défenſe de la ville d'Anvers dont la République auroit fait ſa place d'armes & où elle auroit couvert toutes ſes places du Brabant hollandois, le tranſport de tous les chevaux, grains & fourages du pays autrichien dans les villes & les magaſins de la République, le verſement de toutes les caiſſes autrichiennes dans le tréſor de l'Etat, & enfin les énormes contributions qu'on auroit tirées de toutes les villes opulentes de la domination ennemie, auroient été les ſuites naturelles d'une expédition éphémere, qui pouvoit être conſommée au plus dans l'eſpace d'un mois. Qu'on calcule, dans cette ſuppoſition, ce qu'il en auroit coûté de tems & de dépenſes à l'Empereur pour faire un remplacement auſſi indiſpenſable : Qu'on oppoſe à ce calcul les facilités qu'auroit eues la République, en employant convenablement le même tems & une partie des ſommes qu'elle auroit retirées de ſon expédition, à augmenter ſon armée pour la mettre en nombre & en moyens de tout genre, au niveau de celle qu'elle devoit avoir à combattre : Qu'on réfléchiſſe de bonne foi ſur le parti qu'elle auroit tiré, dans des circonſtances déciſives, de l'effort de ſes phalanges patriotiques formées & & armées ſur le plan propoſé, & d'après une juſte conſidération de tous les réſultats évidemment avantageux que la République avoit à ſe promettre en prenant le parti qui lui étoit indiqué, qu'on juge la vraie valeur du Mémoire du 3 Novembre 1784. „

„ Les mêmes notions qu'on eut trois mois après ſur les négociations ſecretes des Cours de Vienne & de Munich, auroient également percé, elles auroient ſonné la même allarme dans les cabinets; elles auroient également embarraſſé l'Empereur, & elles auroient procuré peut-être à la République de nouveaux moyens; *Frédéric II*, *Frédéric* le promoteur de la ligue germanique, qui peut-être ..., *Frédéric II* vivoit, & avec toutes ces conſidérations réunies, il eſt plus que vraiſemblable que l'Empereur s'avouant à lui-même ſa précipitation haſardeuſe, auroit pris le véritable & ſeul parti qu'il eût à prendre pour la réparer, en s'en remetant à la médiation du Roi ſon beau-frere, comme il l'a fait, mais dans des circonſtances & avec des réſultats bien différens. L'équité du médiateur dans la ſituation embarraſſée où ſe feroit trouvé l'Empereur, n'auroit point été gênée par le ton d'exigence que ce Prince a pu élever dans la négociation conciliatoire, à mesure que l'arrivée successive de ses moyens lui en donnoit le droit & la force ; le Roi auroit pu ménager également la dignité de S. M. Impériale, les justes droits de la République sa future alliée, & les vrais intérêts de sa propre couronne ; il n'étoit question pour cela que de confirmer complettement & dans tous ses points la lettre & l'esprit du traité d'Osnabruk sur le fait de l'Escaut, sans y insérer aucune clause nouvelle dont l'ambiguité (surtout après la cession inconcevable de Lillo) peut & doit (comme il sera peut-être prouvé avant peu) exposer la totalité du Brabant hollandois. „

„ On doit rendre justice à M. l'Ambassadeur & aux Membres de l'Etat auxquels il fit passer ce mémoire ; ils en sentirent toute l'importance, & ils en furent dans le premier moment si véritablement frappés, qu'ils crurent en approuvant le projet, qu'il convenoit, d'en confier l'exécution à celui même qui l'avoit fait. On le proposa effectivement au Prince Stathouder qui le refusa, & on convient que c'étoit par de très fortes raisons, la proposition lui ayant été faite comme s'il eût été question de donner à cet Officier-Général le commandement de l'armée, ce qui ne pouvoit qu'être révoltant pour d'anciens officiers, dont plusieurs d'une naissance éminente, qui avoient vieilli &

mérité au service de la République. Si le Prince avoit pu lire dans l'ame de l'homme qu'on lui nommoit, il auroit vu combien il étoit loin de cette ambition présomptueuse, & il en a donné la preuve dans des Lettres & Mémoires qui se trouveront dans cette collection. La seule ambition qui l'eût flatté, si ce choix avoit été agréé, eût été, en servant simplement dans l'armée républicaine à son grade & à son rang d'ancienneté, d'y employer le peu de talent qu'il pouvoit avoir & son expérience, à concourir essentiellement à la gloire individuelle du Prince même, qu'il se seroit invariablement appliqué à ne séparer jamais de celle de l'Etat, & il eût mis la sienne personnelle à remplir uniquement ce devoir. „

„ Si le refus du Prince eût été le seul obstacle, dans les dispositions de confiance où étoient les Membres proposans, il est vraisemblable qu'il auroit été levé, mais il s'en éleva d'ailleurs d'une nature qui, quoiqu'en apparence, moins imposante, furent plus décisifs dans l'esprit de déférence & de condescendance absolue auquel on se livroit. La premiere proposition tomba, & on oublia totalement & le serviteur qui s'étoit dévoué & le service qu'il avoit rendu. Cette condescendance qui, au premier aspect, peut paroître indifférente, est peut-être la source réelle de tous les maux qui ont déchiré & déchirent dans ce moment-ci le sein de la République ; & d'autres malheurs encore qui peuvent lui être réservés : (on désire sur ce dernier point se tromper, mais on ne s'en flatte pas.) Ce qu'il y a de sûr, c'est que si le plan & l'auteur avoient été adoptés, tout l'honneur, toute la gloire d'une expédition aussi utile à la République, auroit été rapportée au Capitaine-Général, & que la confiance respective dont auroit été également honoré & par le Prince lui-même & par les membres de l'Etat (sans acception de dénomination aristocratique ou patriotique) le serviteur qu'on auroit employé, n'auroit servi dans les principes de sa conduite, qu'à les rapprocher les uns des autres ; & il est si aisé, dans la satisfaction générale d'un grand avantage commun, d'éteindre & d'oublier les petites querelles particulieres, que ce même homme ne doute pas encore, dans ce moment-ci, qu'il n'y fût parvenu. Les succès à la guerre (& il y en auroit surement eu) auroient également rappellé à un Prince de Nassau & aux Membres les plus patriotiques de l'Etat, les époques mémorables & agréables où la gloire des uns & des autres étoit aussi étroitement unie ; cette idée de gloire qui absorbe toutes les autres, les auroit entraînés, & on est convaincu que la seule gaîté d'un festin, (si on ose se servir d'une expression proverbiale que la République elle-même a enoblie dès son berceau) auroit raccommodé tous les descendans des anciens *Gueux marins* à cette même *écuelle* qui a été pour leurs peres, le premier ſigne de liberté, d'indépendance & de gloire. Que de maux n'eût pas prévenus une réunion auſſi déſirable ! comment les plus grands événemens tiennent-ils à d'auſſi petites cauſes ? comment cette chaîne ſi intéreſſante de proſpérités a-t-elle été briſée dès le premier anneau ? Pourquoi en rejettant l'auteur du plan (puiſqu'il falloit déférer) n'a-t-on pas du moins ſuivi le plan même ſous la direction de tout autre Officier-Général ? Pourquoi a-t-on préféré le ſentier épineux de négociations qui devoient ſi évidemment ſe terminer par des conditions ruineuſes & humiliantes pour le moment, & qui en ont préparé de plus déſaſtreuſes encore peut-être pour l'avenir ? Il n'y a qu'un mot qui puiſſe l'expliquer ; M. *de Vergennes* vivoit alors, *& eo temporis*, comme le diſoit *Puffendorff* du miniſtere de Dreſde de ſon tems, *nihil vegetis conſilii expectandum.*

LETTRE

de M. L. B. d***, *du 13 Février 1787.*

Monſieur, malgré l'opiniâtreté manifeſte du ſtathouder, on prétend que la cour de Berlin entamera encore la voie conciliatoire : & qu'elle ſe propoſe d'employer à cet effet le duc régnant de Brunſwick. Peut-être êtes-vous en état d'appro-

fondir ses desseins, & dans ce cas vous m'obligerez infiniment de m'en instruire le plutôt possible.

Les papiers publics vous ont appris la déclaration du roi de Prusse, qui nous sert de garant que ce prince ne fera aucun pas contraire à nos justes vues réformatrices: nonobstant je suis très fort de votre avis qu'on doit être attentif dans toute l'étendue du terme. Peut-être que ledit déclaratoire *peut servir de* préparatoire *aux vues de Frédéric Guillaume.*

On s'efforce d'affecter bonne contenance à la cour de Nimegue; ses émissaires travaillent plus que jamais à fomenter les divisions, mais je puis vous assurer que les mesures sont si bien prises que nous méprisons tout ce qu'on pourra mettre en avant. Nous sommes tellement assurés de la cour de Versailles que nous pouvons braver toutes ces sourdes menées. Je crois que les troupes en Flandre recevront des ordres secrets de se tenir prêtes à marcher à la minute en cas de besoin.

Je vous avoue que le parti du Stathouder trouve parmi le petit peuple nombre de partisans, mais en revanche l'élite de la nation est armée & en même tems disposée à soutenir en vrais bataves la bonne cause, et depuis qu'elle voit que le Stathouder se refuse à tout accommodement, il faudra qu'on en vienne à des mesures plus énergiques pour faire renaître une paix intérieure sur les principes du vrai systême Républicain.

La proposition que la ville de Haarlem vient de faire vous sera connue; on se pressera de pousser l'effet qui en doit résulter. Il est apparent que le Stathouder (à moins que le roi de Prusse n'y pourvoye par des voies à l'amiable) s'obstinera de plus en plus, & pour ces raisons il est fermement décidé qu'on donnera carriere libre à la nation, pour se mettre en état de pouvoir se faire raison.

Je vous confie un secret. On fait des préparatifs sur un plan bien rédigé & sans incidens, qui promet une prompte réconciliation constitutionnelle; on verra dans deux ou trois mois d'ici que la nation Belgique n'est nullement dégénérée de ses ancêtres. Je crois, Monsieur, que de telles mesures seront analogues à vos idées : Le tems des négociations s'use, & celui des opérations s'approche.

Il faut en passer par là, aussi est-il bien préférable d'en venir à une prompte décision, plutôt que de rester éternellement dans des incertitudes qui, au bout du compte, mettent la République au bord du précipice qu'on a préparé depuis si longtemps pour sa perte.

Le roi de France est fort mécontent de la publicité des lettres de M. de Rayneval; *M. de* Vérac *s'en est plaint, on réparera l'omission de celles du comte de Goertz qui ne se trouvent pas dans la collection publiée à Nimegue.*

Je me recommande, Monsieur, à votre souvenir; vos informations marquées au coin d'une correspondance étendue me font un vrai plaisir.

J'ai l'honneur d'être, &c.

„ *P. S.* Je crois avec vous, Monsieur, que le cabinet de Saint-James fera l'impossible pour soutenir le parti du cousin, mais en réfléchissant sur la position actuelle de la Grande-Bretagne, il me semble que nous n'avons pas beaucoup à redouter de son pouvoir. J'avois bien déjà quelques indices du projet concerté il y a déjà quelque tems entre la cour de Londres & l'Empereur; mais est-il possible qu'on le pourra effectuer? Je vous avoue que si l'Empereur revenoit à renouveller ses prétentions de concert avec l'Angleterre, cela ne nous conviendroit pas. Mais par contre le roi de France auroit toujours des moyens efficaces pour prévenir ces vues ambitieuses; En attendant il seroit à désirer qu'on pût apprécier au juste les idées du chef de l'Empire & savoir surtout de quel œil il envisage la conduite du Stathouder.„

La réponse à cete lettre du 13 Février, reçue le 28, est du 2 Mars 1787.

„ Monsieur, j'ai su que le roi de Prusse avoit effectivement appelé auprès de lui M. le duc régnant de Brunswick son Feld-Maréchal de confiance & son ami de cœur; que ce prince, aussitôt après son arrivée à Berlin, y avoit eu avec le monarque des entretiens trop longs & trop suivis pour n'être pas remarqués par les observateurs du nouveau regne; Qu'à ces entretiens avoient succédé des conférences où le Roi avoit mandé ses ministres & appelé quelques-uns de ses officiers généraux & que le duc étoit immédiatement après retourné à Brunſvick. Quoique l'objet précis de cette intéreſſante conſultation ne ſoit pas encore connu, on ne doute pas qu'il n'ait été queſtion d'une réſolution majeure; mais aucune des différentes ſpéculations qu'on a faites à ce ſujet, n'a porté ſur une repriſe de négociations de la part de S. M. Pruſſienne avec la République : il paroîtroit même, à en juger par quelques obſervations que j'ai vues conſignées dans une lettre authentique que le parti diamétralement oppoſé aux voies conciliatrices eſt celui auquel on ſe feroit décidé. Il eſt ſûr que le crédit de M. de *Hertzberg* eſt fort diminué : ce miniſtre qui avoit joui de la confiance intime du feu roi & qui, à en juger par les titres & les diſtinctions dont il avoit d'abord été honoré, paroiſſoit deſtiné par le ſucceſſeur à être le flambeau de ſon conſeil, a beaucoup perdu de ſon influence dans les affaires. Les principes de ce miniſtre ſur les diſſenſions de votre République, ſon amour pour la paix & ſurtout ſon éloignement pour toute eſpece d'expédition ſur le bas-Rhin, ont été trop à découvert pendant les deux dernieres années de la vie de *Frédéric II*, pour qu'on n'augure pas avec quelque apparence ſur la diminution du crédit de ce miniſtre, que des ſentimens contraires aux ſiens ont prévalu dans le cœur de ſon nouveau maître. Cette réflexion m'a paru ſi frappante, Monſieur, que dans le moment même que j'en entendois la lecture, j'ai prévenu de moi-même le déſir que vous me marquez dans la lettre à laquelle je répons, & j'ai été assez heureux pour pouvoir employer une personne dont j'espere tirer quelques lumieres sur les objets réels dont le monarque a pu s'occuper avec le duc. Je serai très flatté, Monsieur, si je puis vous donner ce nouvel acte de mon zele & de mon désir de vous être utile.„

„Je soupçonne que ce qui peut avoir donné lieu à l'idée sur le duc de Brunswick est le passage du duc régnant de Saxe-Weymar aussi ami & dans la confiance du roi de Prusse, (c'est le même chez lequel votre ancien Feld-Maréchal le duc *Louis* s'est retiré.) Il est effectivement vrai que ce duc a passé, il y a quelques semaines; je l'ai vu moi-même relayer ; on prétendoit alors qu'il alloit à Versailles & qu'il étoit chargé d'y traiter d'après les intentions précises & confidentes de sa Majesté prussienne. L'état & les relations des personnes de qui je tenois cette nouvelle n'avoient pas laissé que de me donner à penser, malgré ma prévention contre les vues réelles du roi de Prusse, & je me proposois même de vous en faire part, lorsque je vis entre les mains d'un homme qui m'honore de son amitié, une lettre de la main même du duc de Weymar depuis le retour de ce prince dans sa résidence : Il n'a fait que toucher la frontiere de France, & s'il est vrai que son voyage ait eu quelques vues ultérieures, je crois que c'est plutôt à Londres qu'à Paris qu'il faudroit en chercher l'objet.„

„ J'ai lu dans les papiers publics, Monsieur, les lettres du roi de Prusse & de M. le comte de *Goertz*, & la franchise de ma confiance ne me permet pas (quoi qu'on ait cherché dans les mêmes papiers à les faire envisager sous cet aspect) de regarder ni l'une ni l'autre comme des garants bien sûrs, de la tranquillité avec laquelle la cour de Berlin verra votre République suivre & consommer sa marche réformatrice : J'y crois voir moi, au contraire, une résolution très précise de soutenir très réellement un Prince auquel on s'intéresse *particulierement* par les liens qui attachent si étroitement la maison de Brandebourg à celle de Nassau. *Je m'estimerois heureux*, écrit le comte de *Goertz*, *si j'avois pu resserrer*, &c. Il ne les a donc pas resserrés ces nœuds, comme il l'auroit désiré, ils sont donc dans le cas de se relâcher ; jusqu'à quel point se relacheront-ils après la mission infructueuse du comte ?

Ce que vous me faites la grace de me confier, Monsieur, sur la nature réelle des moyens d'opposition vigoureuse dont vous vous tenez parfaitement assuré de la part de la France, & surtout, sur le plan bien rédigé d'une réconciliation constitutionnelle, calme toutes mes inquiétudes pour l'avenir. Je ne saurois trop le répéter : vous avez en vous-mêmes tout ce qu'il faut pour triompher de tous vos ennemis, tels qu'ils soient, tels qu'ils puissent être. En me répétant ma propre phrase, je vois que vous m'avez parfaitement entendu, & je vous entends auſſi ſur les ſuites prochaines du principe admis entre nous, & ſur la néceſſité indiſpenſable des démarches qu'il doit déterminer. (*) „

„ Le changement ſurvenu dans le cabinet de Verſailles ne peut qu'être avantageux à la cauſe patriotique ; les baſes poſées par M. de *Vergennes* ſeront les mêmes, mais elles ſeront certainement appuyées, par M. le comte de *Montmorin* avec plus d'énergie active qu'elles ne l'auroient été par ſon prédéceſſeur : Mais malgré toute ma confiance dans l'élévation & la fermeté de caractere du nouveau miniſtre dirigeant, & malgré l'eſpece de droits particuliers que lui donne ſur l'eſprit de ſon maître l'amitié perſonnelle dont le roi l'a conſtamment honoré dès le tems même qu'il étoit ſon Menin : quand je ſerois encore plus aſſuré moi-même, s'il étoit poſſible, de la vigueur des réſolutions & des meſures priſes & à prendre, j'inſiſterois ſur l'importance abſolue dont il eſt à la République *de compter*

(*) Ces démarches ſur leſquelles on n'avoit pas pu s'expliquer plus poſitivement, faute des moyens d'aller le faire de bouche comme on ſe l'étoit propoſé, étoient l'exécution du plan qu'on avoit projetté pendant le ſéjour de la cour ſtathoudérienne à Nimegue. On n'avoit point été entendu quoiqu'on s'en fût flatté. Que de regrets, que de réflexions feront tous les vrais Patriotes qui liront cette correſpondance, en voyant à quoi peut avoir tenu le ſuccès ou la ruine de toutes leurs eſpérances !

principalement sur elle-même, & de ne regarder tout secours étranger, tel qu'il puisse être, que comme concomitant. „

„ Ce qui me fait insister, Monsieur, & peut-être *usque ad nauseam* sur cette réflexion, c'est qu'indépendamment de tous les motifs dont je l'ai déjà appuyée dans toutes mes précédentes, d'après certaines indications tirées de lettres de gens instruits qui sont sur les lieux, l'appel que le Roi de Prusse a fait à Berlin du Comte de *Brühl*, pour l'éducation des Princes ses fils, doit être suivi de l'arrivée prochaine d'un ecclésiastique catholique pour entrer dans la même éducation, & même, ajoute-t-on, pour influer aussi dans celle de la Princesse royale leur sœur. Cette singularité comparée & combinée avec la sinuosité de la marche que peut prendre un Prince aussi habile que *Joseph II* pour arriver à ses fins, fait croire à beaucoup de personnes qu'il pourroit être question entre les deux Maisons qui balancent l'Empire, d'un rapprochement intime qui en réunissant (au moins pour quelque tems) leurs vues & leurs moyens, auroit des résultats si dangereux pour la France elmême, qu'avec la meilleure volonté, il lui seroit bien difficile d'être en état, & même de rester à portée d'être essentiellement utile à sa nouvelle alliée. Je ne vois à la vérité, M., jusqu'à présent rien qui confirme positivement cette interprétation, (que je vous avoue cependant être une de celles auxquelles l'arrivée de M. le Duc régnant de Brunſwick à Berlin a donné lieu) mais je ne vois rien non plus qui raſſure poſitivement contre la poſſibilité d'une combinaiſon où l'intérêt actuel des deux contractans pourroit également trouver de quoi ſe ſatisfaire. „

„ Ce que je puis vous certifier, Monſieur, & je ne le fais que ſur des *notions certaines*, ſur des *indices marquans*, c'eſt qu'il ſe prépare dans ce moment-ci en Allemagne un grand événement quelconque, dont le principal moyen paroît être de rapprocher tous les Princes & Etats de l'Empire. Il y auroit bien des corollaires à tirer de ce texte, mais en les réduiſant à ce qui peut intéreſſer directement votre République, je crois qu'il vous importeroit d'autant plus de percer ce myſtere, que l'état actuel de vos affaires eſt tel que, d'un inſtant à l'autre, il peut & *doit peut-être* devenir l'*occaſion* ou le *prétexte* d'une grande exploſion à la faveur de laquelle, en fixant avantageuſement en Hollande l'Etat de M. le Prince de Naſſau, les mêmes Princes qui l'auroient ſoutenu ſe rembourſeroient ſurabondamment aux dépens du reſte de la République des fraix de leur protection.„

„ Ceci revient forcément à ce que j'ai eu l'honneur de vous marquer dans mon Mémoire du 12 de ſeptembre 1786; il eſt de la noble fermeté d'un patriote batave de fixer cette perſpective poſſible, toute révoltante

voltante qu'elle ſoit, pour ſe mettre d'autant plus en état d'en braver le danger, en préparant ſurtout les moyens efficaces qu'il a dans ſon propre ſein, & dont aucune circonſtance ne peut le priver. „

Dans une nouvelle lettre des premiers jours de Mars, où l'on renouvelloit les demandes qu'on avoit faites, & ſur leſquelles la réponſe du 12 Décembre avoit donné des eſpérances, on le fit avec d'autant plus d'inſtances, qu'on voyoit le tems propre à l'exécution projettée, s'écouler inſenſiblement, qu'il n'y avoit déjà que trop de tems perdu, & qu'il n'y avoit plus un ſeul inſtant à perdre.

On revenoit dans cette même lettre ſur la continuité de ces diſpoſitions générales dont on voyoit tous les Princes du Corps germanique occupés, & on inſiſtoit ſur la nature du danger qui pouvoit réſulter contre la cauſe patriotique, de cette réunion ſinguliere & inattendue; (quoiqu'on ne doutât pas qu'elle ne dût avoir un objet ultérieur, & d'une toute autre importance que la querelle de la République.) Et enfin on y donnoit l'avis de la ſenſation uniformément défavorable qu'avoit faite dans toute l'Allemagne la déduction du célebre *Schlœzer* en faveur de S. A. S. le Duc *Louis* de Brunſwick Wolffenbuttel, & on conſeilloit, comme une démarche qui n'étoit pas indifférente, de charger quelque publiciſte habile & dont la plume fût aſſez exercée pour ſoutenir, s'il étoit poſſible, la comparaison avec celle de M. le Professeur *Schlœzer*, de rédiger & de produire une déduction contradictoire en faveur des patriotes & de répandre cet ouvrage dans l'Empire.

La réponse de M. le B. d*** à ces lettres, est du 24 Mars 1787.

Monsieur, les dernieres nouvelles de Versailles sont tellement déterminées à notre avantage, que le nouveau Ministre s'est expliqué, au nom de S. M., plus énergiquement que n'a jamais fait le Comte de Vergennes. *S. M. pénetre l'urgente nécessité pour le rétablissement de notre paix intérieure, & comme elle se déclare, après la conduite inconcevable du Prince Stathouder, de prendre la cause des patriotes à cœur comme la sienne, nous avons lieu de nous flatter que de telles dispositions influeront sur la Cour de Berlin pour que le beau-frere du Roi de Prusse revienne sur ses pas. Vous saurez peut-être, Monsieur, que le dernier Monarque a réitéré à S. M. très chrétienne les assurances les plus positives de ne pas se mêler de nos affaires intérieures; aussi peut-on remarquer que la Maison de Nassau ne fonde pas son espoir sur cette prétendue assistance; ses partisans se flattent d'opérer une révolution à leur avantage, en incitant la plus vile populace: les papiers publics vous auront appris ce qui vient d'arriver en Nordhollande, on y a pourvu efficacement; aussi, ces menées ne tendront jamais à effectuer quelque chose de conséquent. On appréhende plus les scissions encore existantes entre les Membres du Gouvernement, que le parti adverse sait nourrir merveilleusement. Les vues des Régens ambitieux qui ne verront jamais de bon œil, l'établissement constitutionnel d'une influence nationale dans les magistratures, effectuent sans cesse qu'on avance si peu dans la réforme à faire; mais comme la nation est fermement résolue de pousser sa juste cause, je me tiens assuré qu'elle réussira à opérer une indépendance décidée.*

On savoit ici que le Comte de Hertzberg *ne possédoit plus l'entiere confiance du Roi présent; on n'ignoroit pas que le Comte de* Brühl *étoit à la tête de l'éducation des Princes fils du Roi de Prusse. On croit connoître les motifs de ce choix; on prétend que* Frédéric Guillaume *auroit eu des vues sur l'Electorat de Mayence pour un de ses fils; il y en a qui assurent que ce projet est déjà tombé.*

Je me méfie toujours avec vous, Monsieur, de la sinuosité des marches de Joseph II. *Le Comte de* Belgiojoso *de retour aux Pays-Bas a des ordres de son maître de ne lacher en rien dans l'affaire du Zuin, ainsi une pomme de discorde restera toujours suspendue. A juger des informations de Vienne, on diroit que le départ de l'Empereur pour Cherson est décidé; nonobstant, Monsieur, je crois avec vous qu'il se prépare en Allemagne de grands événemens qui, par leur nature, influeront sur l'Europe entiere, mais pour supposer une combinaison d'intérêt entre les Cours de Vienne & de Berlin, cela me paroît presqu'impossible; j'avoue que nous avons vu arriver dans le siecle présent des événemens que les plus clairvoyans politiques considéroient comme chimériques ; quoi qu'il en soit, il nous importe surement de percer ce mystere. Les intrigues de Versailles sont habituées à y réussir, elles le dévoileront à tems.*

Je crois qu'il est possible que la déduction que le Duc Louis de Brunswick a fait faire par le fameux Professeur Schlœzer, peut faire sensation en Allemagne où on n'est pas instruit de l'affaire; mais si on supposoit qu'elle le feroit ici, les partisans dudit Duc auroient eu soin d'en divulguer des traductions, qui au moins jusqu'à présent ne paroissent pas.

Vous aurez remarqué depuis longtems que le parti stathoudérien emploie le Rédacteur du Courier du Bas-Rhin *à Cleves, pour déchirer, décrier le parti patriotique avec une impudence scandaleuse: en dernier lieu, en marchant sur les traces de quelques mauvais écrivains attachés à la Maison de Nassau, il vient d'insérer dans ses Feuilles un acte de confédération entre les Régens patriotes ; cette piece forgée pour faire paroître des vues que nous n'avons jamais eues, est entierement inventée, & comme elle doit encore faire sensation chez l'étranger, vû les assertions que ledit Rédacteur ose faire pour son authenticité, je prens la liberté, Monsieur, de vous prier d'assurer, l'occasion se présentant, que cette piece est tout à fait fausse ; que ce même Rédacteur a produit dans une de ses Feuilles, au mois d'Août dernier, le véritable acte, dont nous nous faisons honneur & gloire.*

Au reste, Monsieur, je suis bien fâché, d'être obligé de vous dire que je me trouve dans l'impossibilité de satisfaire à vos demandes réitérées. J'ai voulu emprunter de l'argent vû les circonstances du jour, à Amsterdam, & j'ai échoué; nonobstant permettez-moi de vous assurer de la haute considération avec laquelle je ne cesserai d'être très parfaitement, &c.

LETTRE *A M. le B.* d*** *du 6 Avril 1787.*

„ Monsieur, je vous avois marqué dans ma derniere que j'avois prévenu votre désir, en prenant une voie sûre pour être instruit *de source* sur le motif du voyage que le Duc régnant de Brunswick avoit fait à Berlin, & spécialement pour pénétrer s'il avoit été réellement question de renouer par le canal de ce Duc une négociation avec votre République. Je suis parfaitement en état de vous assurer, Monsieur, que non seulement il n'y a rien eu de proposé à ce sujet par le Roi, mais que quand même les Cours en feroient la proposition, le Duc s'y refuseroit très certainement. Tout ce que j'ai pu pénétrer de plus, c'est que les conférences ont roulé sur de grands intérêts communs de famille, & qu'il avoit été question aussi à ce qu'on croit, entr'autres objets, de l'affaire de la coadjutorerie de Mayence qui a échoué par la promptitude avec laquelle la nobleſſe capitulaire a cru devoir s'aſſurer de l'élection du Baron de d'*Alberg*: on travaille actuellement ſur les mêmes principes à Worms, & on a, je crois, également commencé à prendre auſſi des précautions du même genre à Hildesheim & même à Conſtance. Vous concevez, Monſieur, par les gens avec leſquels vous n'ignorez pas que je ſuis en quelque liaiſon, que je puis avoir ſur ces objets des notions aſſez ſûres. „

„ Je déſire ardemment que la tranquillité où vous me paroiſſez être ſur les intentions réelles du beau-frere ſoient bien motivées, & que les nouvelles aſſurances que la Cour de Berlin a données à celle de Verſailles de ne ſe point mêler dans vos troubles intérieurs, ſoient un peu plus réelles que le concert des négociations ſuivies par M. le Comte de *Goertz* & M. de *Rayneval*; je vous avoue cependant que l'augmentation de deux régimens dans le pays de Cleves, & l'ordre donné pour préparer un camp à Lipſtadt, joint à ce que j'ai eu l'honneur de vous marquer, cet hiver, des préparatifs faits à Hervorden & dans le Comté de Bilefeld, me paroîtroient de nature à donner quelqu'inquiétude ſur ces aſſurances de tranquillité. Je n'ignore point qu'on ne puiſſe interpréter ces préparatifs relativement à l'affaire du Comté de Schaumbourg; mais les perſonnes inſtruites de l'influence impoſante du Roi de Pruſſe en Weſtphalie, ſentiront que ce Prince n'a besoin que de faire connoître & non pas d'appuyer par la force, sa volonté pour déterminer la déférence respectueuse du Landgrave ; ce que je vous marque, Monsieur, du camp prochain de Lippstadt, je le tiens de la bouche d'un officier principal de l'armée palatine qui a déjà demandé & obtenu de sa Cour la permission d'y aller ; cet officier a été averti lui - même par un de ses freres colonel prussien dont le régiment doit être de ce campement. Je puis encore vous certifier, Monsieur, que les quatre Corps francs de 1800 hom. chacun, dont le Roi de Prusse a ordonné la levée, ainsi que je vous l'ai annoncé, sont actuellement complets à 950 près. Pourquoi cette augmentation de 7200 hommes dans une armée déjà aussi nombreuse ? Le tems seul nous l'apprendra. „

„ Encore une nouvelle, Monsieur, qui peut être de quelque importance par celle du personnage ; c'est l'arrivée prochaine du Prince *Henry* de Prusse, oncle du Roi, à Francfort sur le Mein. Est-ce mécontentement de la part de ce Prince, est-ce un emploi de confiance de la part du Roi son neveu ? c'est ce que je ne sais point encore, mais on croit qu'il s'arrêtera en passant à Weymar, & vous vous rappellez sans doute, Monsieur, que je vous ai dit que le Duc régnant de ce nom avoit fait un voyage pour un objet important, (j'ai su depuis que de Carlsrühe il avoit renvoyé tous ses domestiques à l'exception d'un seul) & depuis il a gardé le plus grand secret sur les lieux où il s'étoit rendu, & sur ce qu'il y avoit fait. Mes soupçons continuent à porter sur l'Angleterre, & il suffit que votre ancien Feld-Maréchal, le Duc *Louis*, se soit retiré dans les Etats de ce Prince, pour qu'il soit de quelqu'intérêt de pénétrer surement le motif réel d'une démarche aussi mystérieuse, car je vous répete que je suis sûr du mystere. „

„ Ce que vous me faites l'honneur de me marquer, Monsieur, des ordres dont *Joseph II* a chargé le Comte *Belgiojoso*, ne m'a point surpris ; vous savez que je n'ai jamais cru à tout ce qui a été dit chez vous & à Versailles du prétendu mécontentement de l'Empereur contre ce ministre. Je souhaite de tout mon cœur m'être trompé sur les conséquences, mais vous les avez trop senties vous-même, Monsieur, dans le tems de la funeste cession de Lillo & de ses écluses, & vous êtes trop pénétrant sur l'usage qu'on peut faire du nouveau fort de *Hazen-Gras*, *correspondance très dangereuse de ce même Lillo si imprudemment abandonné*, pour ne pas juger tout ce qui pourra résulter de la belle convention de Fontainebleau, si vous vous trouviez malheureusement une fois assez sérieusement occupé dans vos provinces *à reglement*, pour n'être pas en mesure de défendre votre Brabant hollandois. „

J'ai l'honneur d'être, &c.

Du 2 octobre 1787.

„ On écrivoit dans le Mémoire du 12 Septembre 1786 (*) la phrase suivante : *C'est ainsi qu'une étincelle tombée du flambeau que la discorde agite dans les Provinces qui ne sont plus unies que de nom, peut porter le feu dans les deux mondes.* „

„ La note officielle que la Cour de Londres vient de faire remettre par le Lord *Torrington* au Gouvernement de Bruxelles, vérifie trop évidemment aujourd'hui la *possibilité* de l'événement qu'on avoit prévu, il y a treize mois, pour ne pas donner au spéculateur de bonne foi les plus justes allarmes sur la réalité prochaine de l'*événement même*. Cette note est en effet si instamment comminatoire qu'on a bien de la peine à la distinguer d'une déclaration formelle de guerre. *La France ayant notifié sa résolution d'aider de ses forces &c.* & *l'Angleterre ne pouvant tolérer &c.* on ne voit pas trop qu'il puisse y avoir de terme moyen entre deux assertions solemnelles si diamétralement opposées : Et c'est dans le moment que vingt mille Prussiens dans l'intérieur de la Hollande, dictent la loi à main armée au parti en faveur duquel la France a *notifié sa résolution*, que la Cour de Londres lui interdit toute démonstration auxiliaire, qu'elle déclare ne pou-

(*) Page 25 de cette collection.

voir la *tolérer* & qu'elle ne dissimule plus l'intention où elle est de s'en autoriser pour passer de la menace à l'effet. On ne connoît qu'une façon de répondre à une déclaration aussi impérieuse, & c'est cette réponse qui décidera de la justesse du calcul qu'on avoit fait sur les effets possibles de l'étincelle pour produire le grand embrasement dont on croyoit qu'elle pourroit être la cause. „

„ L'intérêt commun qu'avoient les deux Maisons royales de Prusse & d'Angleterre à la conservation de l'intégrité des droits stathoudériens, avoit été déduit dans le même Mémoire du 12 Septembre 1786, & l'état actuel des choses ne permet plus de douter de la certitude des bases sur lesquelles s'appuyoit cette prévoyance ; les motifs non moins stimulans pour aiguilloner l'activité de l'Angleterre même, & la déterminer à tirer parti de la conjoncture, ont été également exposés dans le même Mémoire, & au ton que prend le Cabinet de Saint-James dans la déclaration remise par le Lord *Torrington*, lorsqu'il est question surtout d'*un grand armement naval*, les vues & l'intention de la Cour de Londres seroient parfaitement à découvert, quand on ne verroit pas d'ailleurs autant de preuves réunies des dispositions hostiles de cette couronne, sur terre comme sur mer. „

„ Malgré les *nouvelles instructions convenables* envoyées par S. M. Britannique à son ministre à Paris, la lecture seule de la déclaration (pour peu qu'elle soit réfléchie) écarte de la part du ministere britannique non seulement l'espoir, mais même le désir d'éloigner le fléau de la guerre, par le maintien d'une paix dont la bienfaisance du Roi voudroit conserver les douceurs & les avantages à ses peuples & à l'Europe (*). L'époque à laquelle la Cour de Londres s'est réservée de faire paroître sa déclaration (& c'est le texte même dont elle part pour la faire), est celle où *par les circonstances récentes, la situation des Provinces-Unies est devenue plus critique;* ces circonstances récentes sont l'entrée d'une armée prussienne commandée par M. le Duc de Brunswick, qui occasionne effectivement une crise plus qu'allarmante au parti en faveur duquel la France a *notifié ses résolu-*

(*) Celui qui écrit cette réflexion a été à portée de reconnoitre & d'admirer de trop près (*) combien ces sentimens de bienfaisance & d'amour de l'humanité sont profonds dans l'ame de S. M. Britannique, pour chercher à les obscurcir par un doute; il leur renouvelle au contraire l'hommage sincere de sa respectueuse vénération, mais il a été en même temps dans le cas de juger que ces mêmes sentimens personnels étoient ce qu'ils doivent être dans le cœur d'un grand souverain, chef d'une grande nation, fiere de sa force & jalouse de son influence, conséquemment subordonnés à la considération majeure de l'intérêt d'Etat. Droit, bon, simple même, comme homme, *Georges* III n'en est que plus grand, quand il est Roi.

(*) Il fut chargé en 1774, d'une négociation particuliere à la cour de Londres, pendant le ministere du lord *Rochefort.*

tions. C'eſt dans ces circonſtances que pour mettre dans le jour le plus évident l'uniformité de la marche & des vues des deux Rois, & l'intérêt qu'elle prend elle-même au ſuccès de leurs vues, l'Angleterre veut enchaîner par ſa déclaration le bras de la Puiſſance alliée, & qu'elle articule le déſir des arrangemens *amiables & juſtes*; comme ſi la voie & la raiſon de l'équité pouvoient encore ſe faire entendre, quand la raiſon du plus fort, cette raiſon qui eſt la derniere des Rois, a déjà décidé proviſoirement avec autant d'énergie tous les points poſſibles de diſcuſſion. „

„ On avoit obſervé dans le Mémoire du 12 Septembre 1786 (*), *que c'étoit aux ſept Provinces-Unies que la France s'étoit engagée, & que ces ſept Provinces n'ayant plus le même vœu, il pourroit être embarraſſant pour un miniſtere circonſpect de réſoudre cette difficulté.* Le miniſtere attentif de la Cour de Londres ſaiſit la même obſervation & s'en fait un argument pour prononcer ſur l'*inſuffiſance* des droits & des obligations de la France en vertu de ſon alliance, *la majorité des Etats-Généraux* s'étant oppoſée au vœu patriotique de la minorité. Quel eſt le véritable objet du Cabinet de Saint-James dans cette obſervation? d'abord, d'infirmer les droits & les obligations que la France a notifiés, & enſuite d'aller juſ-

(*) Page 20 de cette collection.

qu'à attaquer le Traité même sur lequel portent les obligations respectives, ce Traité qui a le plus sensiblement piqué sa jalousie; finir par faire abroger cette alliance, & en annuller dès ce moment même tout l'effet en la faisant envisager comme la cause principale des dissensions *qui ont empiré l'état de la République.* „

„ On se demande pourquoi cette note menaçante est remise avant tout au Gouvernement de Bruxelles? il est possible que ce soit à raison de proximité, mais il est possible aussi que ce soit principalement pour donner au ministere autrichien un titre dont il puisse s'autoriser pour interdire toute liberté de passage aux troupes françoises : cette précaution seroit-elle concertée avec la Cour de Vienne? On ne se permet pas encore de prononcer, mais on croiroit cependant trouver la solution du problême, en rapprochant cette question de celles qu'on s'est déjà faites plusieurs fois sur l'armement simultané & collectif des différentes Puissances du Corps germanique, de ce Corps dont les efforts & les moyens se sont si respectivement opposés & balancés depuis la paix de Westphalie, & qui paroissent aujourd'hui s'être réunis pour un objet commun à l'instigation & aux frais de l'Angleterre. „

„ Quand on articule dans la déclaration remise par le Lord *Torrington*, que l'intérêt des Etats de S. M. Britannique est la mesure de ses dispositions hostiles, l'intention de la note est vraisemblablement de détourner l'idée sur les Etats Electoraux de ce Prince, mais dans la situation connue & actuelle de la France, la superfluité des mesures de défense à prendre aussi dispendieusement contre elle, est trop évidente pour que ces mesures prises n'annoncent pas elles-mêmes un plan réfléchi d'aggression. „

„ Le véritable intérêt d'Etat qu'on entend réellement à Londres, est celui qu'a cette même Cour à renouer ses anciennes liaisons avec la République, & c'est pour ce même intérêt d'Etat qu'on annonce que S. M. Britannique se croira forcée de faire la guerre. Mais l'intérêt de la France est évidemment aussi de soutenir l'alliance qu'elle n'a contractée que parce qu'elle l'a jugée intéressante à sa prospérité & à sa gloire: Qui rapprochera ces deux intérêts? il paroît que le Cabinet de Saint-James n'a pas attendu jusqu'à ce moment-ci à se décider sur le parti qu'il lui convenoit de prendre pour trancher la difficulté, & quand il annonce qu'il va se préparer, on ne doute pas que ce ne soit annoncer que ses préparatifs sont déjà faits. L'époque du retour des vaisseaux de l'Inde & les facilités qu'on en espéroit à Londres pour former & completter de leurs équipages ceux de la marine royale, étoient vraisemblablement tout ce qui restoit à attendre pour mettre la derniere main à ces préparatifs ; cette obfervation explique affez naturellement l'alternative des diffonances tantôt pacifiques & tantôt guerrieres fur laquelle le ton des négociations s'eft foutenu depuis quelques mois. „

„ Il y auroit encore une réflexion à faire & affez intéreffante fur une expreffion de la déclaration remife par le Lord *Torrington*, c'eft celle du danger que peut courir, dit-on, l'*indépendance* des Provinces-Unies dans le cas de l'interpofition de la France ; il eft évident au contraire que fi le vœu de la France l'emportoit, cette même indépendance feroit parfaitement affurée, puifque tout ce que la France a fait n'a eu d'autre objet, n'en a pu avoir d'autre, que de concourir avec le parti patriotique à fe rapprocher de l'indépendance conftitutionelle primitive de la République. C'eft au tems à éclaircir fi c'eft fur les mêmes principes que la Pruffe s'eft interpofée.

On croiroit fuperflu de difcuter dans la déclaration, l'allégation du refus de la fatisfaction demandée par S. M. Pruffienne pour fon Alteffe royale Madame la princeffe d'Orange ; la lettre du 6 mai (*) ne peut pas laiffer l'ombre du doute fur l'antériorité du motif réel de l'armement, fur le motif apparent qui eft allégué dans le Manifefte ; ce motif réel eft le même qui doit réfulter de la *crife préfente des circonftan-*

(*) Page 18.

ces récentes, & on persiste à craindre qu'indépendamment de l'interposition de la France, il n'intéresse effectivement l'indépendance de l'intégrité des Provinces-Unies. „

„ Il résulte de cet examen sur la déclaration britannique, que l'intérêt personel des deux Rois & l'intérêt de l'Angleterre réunis pour l'entiere réintégration du Prince stathouder dans tous ses droits aux termes de la révolution de 1747, sont cependant différens dans les résultats que les uns & les autres s'en promettent; que la vengeance & la jalousie de l'Angleterre vont fort au delà de cette même réintégration, & que cette puissance ne s'est déterminée à profiter des circonstances pour se livrer à l'impulsion de ces deux sentimens, en entamant une nouvelle guerre, qu'après s'être assurée par l'alliance (au moins du Roi de Prusse sans parler des autres) que sa rivale seroit trop essentiellement occupée sur terre, pour qu'elle ne se vît pas obligée de diminuer de ce qu'elle auroit à faire sur l'autre élément; que les conjonctures fâcheuses dans lesquelle la France se trouve depuis quelques mois, ont vraisemblablement accéléré les résolutions du Cabinet de Saint-James, & enfin qu'il est encore très vraisemblable qu'avec la parfaite connoissance qu'on a à Londres du personel des gens en place à Paris, les idées que se forme un ministere observateur, des talens & des ressources du génie réparateur qui se trouve aujourd'hui à la tête des affaires

du

du Gouvernement, ne précipite l'exécution de ces mêmes résolutions, dans la crainte de manquer le fruit qu'on en espere, si on lui laisse le tems de fixer ses moyens, & qu'on n'obstrue pas sa marche par de nouveaux embarras & de nouvelles dépenses.

On ne croit pas beaucoup hasarder après ces différentes considérations, d'en conclure que la guerre est décidée à Londres, & qu'elle est d'autant plus indispensable en France, que telle déférence qu'on y pût mettre, sacrifia-t-on par impossible, tout intérêt de gloire & d'éclat au dehors à l'intérêt pressant de l'intérieur ; on est encore convaincu qu'un Roi magnanime & une nation généreuse, même en faisant un sacrifice aussi douloureux, manqueroient leur objet.

Du 5 Octobre 1787.

„Le voile politique qui couvroit le grand tableau d'explosion générale, déjà levé aux deux extrémités par la résolution subite du Divan & par l'entrée d'une armée prussienne sur les terres de la République, vient encore de se déchirer avec éclat au Nord par la déclaration de guerre que la Suede vient de faire à la Russie (*) ; soit que cette résolution ait été prise à Stock-

(*) On ne cite cette nouvelle que sur la foi des papiers publics, & on n'en a point d'autre certitude.

holm en vengeance des inſpirations qu'on accuſe le cabinet de Pétersbourg d'y avoir ſoufflées, pour opérer une nouvelle révolution en faveur de l'ancienne conſtitution; ſoit qu'on y ait cru devoir prendre ce parti par une ſuite des engagemens contractés par la Suede immédiatement après la ſignature du traité de Belgrade; par la contre-déclaration que M. de *Villeneuve*, ambaſſadeur de France, engagea le miniſtre ſuédois à oppoſer à celle par laquelle les deux plénipotentiaires avoient formellement déclaré à la Porte qu'en cas de nouvelles hoſtilités ſoit offenſives ſoit défenſives de l'une d'elles, le Divan pourroit du moment même tenir l'autre pour ennemie, les deux cours Impériales regardant leurs intérêts à ſon égard, comme perpétuellement indiviſibles; ſoit que ces deux motifs réunis, (& ſurtout appuyés d'ailleurs) aient déterminé *Guſtave III* à entrer dans une carriere où ſes prédéceſſeurs lui ont tracé une route auſſi glorieuſe; il eſt certain que cette levée de bouclier de la Suede contre la Ruſſie, dans les circonſtances préſentes, paroit exiger que cette diverſion inquiétante pour *Catherine II* & qui pourroit être ſi préjudiciable aux ſuccès de ſes grandes vues ſur le rétabliſſement de l'empire d'Orient, ſoit balancée par la cour de Copenhague, dont il eſt très préſumable que la réſolution ne ſera pas longtems à ſe faire attendre, à en juger par la nature de ſes liaiſons avec les cours de Pétersbourg & de Londres. C'eſt vraiſemblablement encore la premiere partie du même voile que le tems nous levera. „

„ En revenant au centre de l'Allemagne, nous voyons dans cet instant même, qu'en conséquence d'un traité signé à Cassel le premier par le Général *Faucit*, & expédié le 2 à Londres, 12,000 Hessois passés à la solde de la Grande-Bretagne, & qui doivent être commandés par le Landgrave en personne, se mettent en marche pour se réunir à quatorze mille Hanovriens & à six mille Brunsvickois; c'est aujourd'hui 5 que la garnison de Hanau en sort pour se concentrer au reste du corps hessois. „

„ Indépendamment des pieces de gros canon qui ont été transportées de la citadelle d'Anvers aux forts de Lillo & de Liefkenfoeck, on a fait un autre transport encore plus considérable de Malines à Ostende. Lorsque l'esprit de fermentation qui agitoit les têtes Belgiques, est aussi heureusement calmé par l'indulgence paternelle qui a succédé dans le cœur du monarque aux symptômes apparens d'indignation, & qu'il n'y a plus à en imposer au dedans par un appareil formidable, cette nouvelle distribution de moyens violens n'annonceroit-elle pas un projet formé de s'en servir au dehors pour assurer à ces mêmes sujets un nouveau bienfait auquel ils aspirent depuis longtems, & dont la reconnoissance effaceroit par sa vivacité jusqu'au souvenir des allarmes qui avoient causé leurs erreurs ? „

„ Cette réflexion qui se rapproche des vues

que S. M. Impériale a ſi notoirement déclarées en 1784 & des difficultés plus récentes à l'occaſion du fort de Hazen-graz ſur l'uſage d'une partie des eaux de la bouche du Zwin, prépare peut-être à la République une repriſe de négociations plus déciſivement favorable au commerce des autrichiens, ſur les mêmes baſes qui avoient été conjecturalement indiquées dans le mémoire du 20 avril 1781, communiqué à M. l'ambaſſadeur extraordinaire de LL. HH. Puiſſances le 28 novembre 1784, (page 149.) „

„ Si ce qu'on lit dans quelques feuilles publiques de la négociation déjà avancée, dit-on, d'un mariage entre l'archiduc *Joſeph* de Toſcane, neveu de l'empereur & la princeſſe *Frédérique-Louiſe-Wilhelmine* fille de S. M. Pruſſienne étoit fondé; en voyant ainſi ſe confirmer par l'événement, ſix mois après, ce qui avoit été annoncé dans une lettre du 2 mars dernier, ſur la ſinuoſité poſſible de la marche d'un Prince auſſi habile que *Joſeph II* & ſur les ſuites conjecturales d'un concert (ne fût-il que momentané) dont les réſultats pouvoient être auſſi dangereux pour la France elle-même, comment à l'aſpect de cette union menaçante de maſſes dont le contrepoids étoit ainſi qu'on l'écrivoit, (*) l'égide de la tranquillité publique, ne pas entendre le ſignal d'allarmes?

(*) Pages 18 & 19.

MEMOIRE

A M. l'Ambaſſadeur extraordinaire de Leurs Hautes Puiſſances, à Paris le 28 Novembre 1784.

Dans un Mémoire remis à M. le Comte de *Maurepas*, au mois d'Avril 1781, l'auteur après avoir ſuivi & rapproché ſous un ſeul point de vue toutes les démarches de l'Empereur depuis la paix de Teſchen, les rapportoit toutes à l'objet capital pour ce Prince d'affranchir les eaux de l'Eſcaut, pour rendre à ſon port d'Anvers ſon ancienne célébrité, en faire avec le tems l'entrepôt du commerce des deux Indes, s'y former une marine, & avec cette augmentation de richeſſes & de moyens ſe mettre en état de revenir ſucceſſivement contre toutes les ceſſions que ſa Maiſon avoit été obligée de faire dans différentes circonſtances.

On obſervoit d'abord l'eſpece de révolution qui s'eſt faite depuis la paix d'Utrecht dans tous les cabinets de l'Europe, où l'intérêt de commerce a tellement prévalu ſur toute autre conſidération politique, qu'il ſemble être univerſellement devenu aujourd'hui non ſeulement le premier mais peut-être le ſeul intérêt d'Etat; au point que l'on a vu ſans étonnement, par une ſuite de cette fureur mercantile, des Princes qui n'avoient dans leurs pays ni manufactures, ni ports, ni vaiſſeaux, ſe faire un objet de commerce & d'exportation maritime de leurs propres ſujets.

On faiſoit remarquer que ce n'étoit qu'en raiſon de ce même intérêt de commerce que l'Angleterre avoit indiſpoſé ſes colonies ſeptentrionales & occaſionné l'inſurgence de ces mêmes colonies contre leur métropole.

Que c'étoit ce même intérêt qui avoit inſpiré à *Catherine II* ſon projet de neutralité armée, & qu'enfin c'étoit encore principalement pour ce même intérêt & pour faire tourner toutes ces circonſtances à l'exécution de ſon plan, que l'Empereur avoit entrepris le voyage ſingulier que ce Prince venoit de faire à Pétersbourg.

Milord *Stormont* étoit alors dans le miniſtere britannique, & l'auteur du Mémoire rappelloit que pendant l'ambaſſade de ce Lord à la Cour de Vienne, *Joſeph II* l'avoit conſtamment honoré d'une amitié & d'une confiance particuliere; en appuyant ſur cette indication, il ſe croyoit fondé à en conclure que c'étoit d'après un plan concerté confidemment entre l'Empereur & le miniſtere anglois, que ce Prince avoit entrepris le voyage de Ruſſie; que la réciprocité de ſervices entre les Cours de Vienne & de Londres avoit été arrangée ſur le plan que les deux Cours Impériales, comme les deux principales Puiſfances de l'armement neutre s'établiroient à la fin comme médiatrices également armées de la paix, & qu'elles la prescriroient alors sous les conditions les plus avantageuses à l'Angleterre, avec menace en cas de refus de la France, de la forcer de se soumettre à ces conditions.

Qu'en retour d'un service aussi signalé, l'Angleterre, revenant de ses anciennes oppositions à l'établissement de la Compagnie d'Ostende, sacrifieroit la République son ancienne alliée à la Cour de Vienne, & que le rétablissement du port d'Anvers avec une pleine & entiere communication avec la mer, seroit le prix de tous les avantages que la médiation efficace de *Joseph II* auroit procurés à l'Angleterre.

On présumoit que les préférences que le ministere autrichien accorderoit au pavillon anglois dans ce même port d'Anvers, seroient de nature à compenser avantageusement pour la Cour de Londres la concurrence de la nation flamande, & pourroient même porter l'Angleterre jusqu'à céder à l'Empereur quelqu'un de ses comptoirs dans l'Inde, pour en faire le dépôt du commerce autrichien dans cette région.

Les Etats-Généraux des Provinces-Unies venoient d'accéder au Traité de neutralité armée, & leur pavillon se trouvoit conséquemment dans le cas de profiter des avantages solemnellement annoncés par la Déclaration de *Catherine II*, dans le cas d'insulte & de lésion de la part de l'une ou l'autre des Puissances qui étoient alors en guerre.

Pour remplir l'objet essentiel de la négociation confidemment concertée entre l'Empereur & le Lord *Stormont*, il falloit que ce Prince ménageât les choses de façon à Pétersbourg, que *Catherine* oubliant ses engagemens publics, abandonnât la République à la vengeance de la Cour de Londres, & regardât d'un œil indifférent l'insulte que les vaisseaux anglois feroient à la confédération des Neutres, en attaquant, comme ils firent alors, les navires & les possessions mêmes de la République. L'Empereur devoit être d'autant plus disposé à servir l'Angleterre dans ce projet, que non seulement, par cette levée injuste de bouclier, il voyoit tous les liens de l'ancienne amitié rompus entre les deux Puissances maritimes, mais qu'il pouvoit de plus prévoir facilement que la République, victime à la fin de cette guerre, auroit d'autant moins de moyens à lui opposer lorsqu'il exigeroit d'elle une renonciation absolue à la souveraineté exclusive sur les eaux du bas Escaut, telle qu'elle lui a été cédée & confirmée par les Traités les plus solemnels depuis, & inclusivement celui d'Osnabruck.

Pour déterminer *Catherine II* à passer par dessus ce qu'elle avoit aussi authentiquement déclaré à la face de l'Europe, en faveur des Puissances accédantes à son

Traité de neutralité, l'Empereur devoit flatter la grandeur de cette Princesse par les idées séduisantes & romanesques du rétablissement de l'Empire d'Orient, & ne lui faire regarder son voyage auprès d'elle que comme un désir ardent d'admirer de plus près ses hautes qualités, & de concerter confidemment avec elle une union mutuelle de vues, de forces & de moyens pour chasser entierement le Turc de l'Europe.

L'auteur du Mémoire observoit l'espece d'atteinte que *Joseph II* avoit déjà donnée à cette époque au Traité de barrieres, en refusant le serment d'usage que les Gouverneurs hollandois devoient faire entre ses mains à son avénement à la Régence; il prévoyoit & annonçoit que bientôt l'Empereur demanderoit formellement l'évacuation de ces mêmes places, & vraisemblablement en ordonneroit la démolition, pour ne rien laisser entre les hollandois & lui qui gênât l'activité d'une armée qui auroit à agir contre eux pour recouvrer d'abord les places du Brabant hollandois. ensuite Flessingue & la Zélande, sauf à étendre dans l'avenir ces prétentions sur le reste des possessions républicaines, en rappellant d'anciens droits qui, tels annulés qu'ils fussent par les Traités, paroîtroient encore plus fondés à toute l'Europe, que ceux qui avoient été récemment rappellés en Pologne sur la Lodomerie & la Gallicie.

L'indifférence avec laquelle l'Impératrice de Russie vit peu de tems après l'Angleterre déclarer la guerre à la Hollande, parut prouver suffisamment dans le tems la justesse de l'opinion qu'avoit eue l'auteur du Mémoire sur l'objet caché de la négociation de l'Empereur à Saint-Pétersbourg; le concert avec lequel les deux Cours impériales ont agi depuis cette époque avec le Divan, a également justifié les conjectures exposées dans le Mémoire sur cet objet, & il est au moins vraisemblable que sans la révolution arrivée subitement dans le ministere britannique, & la paix précipitée qui en a été la suite par les motifs particuliers qui ont déterminé les Puissances belligérantes à en rédiger les articles entr'elles, sans donner le tems aux Puissances médiatrices d'en dicter les conditions, le reste des conjectures auroit pu être également confirmé par l'événement, & que l'Empereur auroit pu recevoir dès lors, pour prix de sa médiation, la concession de ce même Brabant hollandois qu'il se propose d'arracher aujourd'hui à la République.

Ce qui s'est passé depuis l'invasion du fort Saint-Donat jusqu'à l'*ultimatum* de l'Empereur, & à la tentative faite par ses ordres pour constater son prétendu droit de remonter & de descendre le fleuve, malgré la souveraineté réservée à la République sur les trois embouchures du Hondt, ne peut plus laisser subsister de doute aujourd'hui sur la réalité des vues qu'avoit depuis longtems ce Monarque ; & a complettement confirmé ce qui avoit été avancé dans ce mémoire, de certains engagemens pris par le Comte de *Belgiojoso* avec un Veronnais qu'il avoit indiqué comme l'homme le plus capable de rendre à peu de frais l'Escaut à sa profondeur naturelle, en le dégageant des différentes masses dont on avoit obstrué son fond aux différens points indiqués & protégés par les forts que la République y avoit fait construire.

De cet exposé conjectural du concert confident que l'auteur du Mémoire supposoit établi entre les Cours de Vienne & de Londres, il passoit aux moyens les plus efficaces pour en prévenir l'exécution, dont il envisageoit les suites comme aussi pernicieuses à la France qu'à la République même. Le moyen qu'il proposoit étoit la formation d'une armée de cinquante mille hommes combinée des deux nations, pour être transportée au sein même de l'Angleterre, à l'embouchure de l'Humbert, s'y rendre maître de Boston, s'y fortifier, s'en faire une place d'armes, un port de communication avec ceux de la République, & enfin le dépôt général de toutes les munitions & apparaux de guerre ; c'est de là qu'il proposoit de marcher droit à Londres, pour y dicter à l'Angleterre une paix armée, qui en la privant des secours & de l'influence de ses alliés futurs auroit en même tems privé l'Empereur de la réciprocité des avantages dont il se flattoit que la cour de Londres payeroit aux dépens de la République les bons offices de sa médiation.

Il paroît qu'il eût été facile à cette époque, de prévenir un événement dont les suites peuvent être si meurtrieres pour l'Europe & dont le début paroît si menaçant pour la République : Il ne s'agissoit peut-être alors que de rappeler l'Empereur à la scrupuleuse exactitude qu'exigeoit de lui la sainteté des traités, en lui déclarant qu'on ne pouvoit pas être indifférent à la plus petite violation des articles convenus & réglés par celui de Barrieres ; mais on préféra d'applaudir & à l'évacuation & à la démolition par l'intérêt personel qu'on croyoit avoir à la destruction d'ouvrages qui avoient coûté tant de sang françois à prendre ou à défendre ; on ne prévit pas les suites qui pouvoient résulter de l'arbitraire, & on ne vit dans ces mêmes démolitions que le gage flatteur donné par l'Empereur d'une paix constante & perpétuelle.

C'est aujourd'hui de cette liberté en quelque façon déjà reconnue, que l'auteur du *Manifeste circulaire* cherche à faire un titre à *Joseph II.*

Le mémoire fut remis par M. de *Maurepas* à M. de *Vergennes* qui le lut, ne crut point au mal, & négligea le remede.

En considérant les circonstances actuelles avec le même esprit de combinaison qui avoit conduit l'auteur du mémoire dont on vient de donner le précis, jusqu'à percer, (au moins en grande partie) l'objet réel & intérieur du voyage que l'Empereur avoit fait à Pétersbourg, ne seroit-on pas dans le cas d'en conclure, ou au moins de soupçonner, que le fond des intérêts des cours de Vienne & de Londres étant encore le même, l'exécution du plan (s'il a eu lieu) n'ayant manqué que par le changement arrivé dans le ministere & par la conclusion subite de la paix, ce même concert ne se renouvellât sourdement & ne ranimât entre la France & l'Angleterre un feu que l'empereur lui-même a nommé mal éteint : il faut si peu de chose à Londres pour opérer une révolution ministérielle, qu'il ne seroit pas étonnant que le Lord *Stormont* rentrant au Conseil, n'en déterminât les résolutions conformément à son ancien plan & à l'intérêt personel qu'il verroit à prendre & à faire prendre ce parti, pour revenir par là contre une paix faite également contre son goût & contre ses principes : Il seroit inutile de s'étendre sur l'importance dont il est pour la République, de surveiller & de faire surveiller par ses alliés les dispositions intimes du cabinet de Saint-James; le parti que prendra ou pourra prendre la cour de Londres, spécialement contre Dunkerque, étant d'une conséquence si intéressante à la France, que cette considération personnelle seroit un stimulant, peut-être nécessaire, pour déterminer la vivacité & l'efficacacité des résolutions du cabinet de Versailles.

D'un autre côté, tel que soit le sujet du refroidissement apparent entre les deux cours impériales (*), il y a lieu de présumer que l'Impératrice de Russie ne verra pas de bon œil l'Empereur transporter pour des vues qui lui sont absolument personnelles une grande partie des forces qu'elle croit principalement destinées à concourir au succès de leurs vues communes contre la Porte : Il ne seroit peut-être pas difficile, & il ne seroit pas indifférent de chercher à élever des soupçons dans le cœur de cette Princesse sur la préférence que Joseph II donneroit à ses intérêts personels sur ceux de son alliance, & cela n'en seroit que mieux, si on pouvoit pousser ce soupçon jusqu'à lui faire croire que l'Empereur n'a réellement cherché, en se liant avec elle, qu'à la rendre un instrument utile à l'exécution de projets totalement étrangers aux vues dont il l'avoit flattée, que, content d'être parvenu à rompre l'intimité de ses liaisons avec la Prusse, il ne l'avoit embarquée au point où elle étoit vis à vis de la Porte, que pour lui laisser porter seule tout le poids de la guerre sur

(*) On ignoroit si ce refroidissement étoit réel, & dans le cas qu'il le fût, on ignoroit également ce qui pouvoit y avoir donné lieu ; mais on y croyoit généralement à cette époque. C'est d'après certe opinion qu'on faisoit l'insinuation dont on pouvoit faire utilement usage.

la mer noire, pendant qu'il ſuivroit lui ſes projets particuliers ſur celle d'Allemagne. Tel effet que produiſiſſent dans l'eſprit de *Catherine II* des inſinuations de cette nature, quand elles ne feroient qu'obliger l'Empereur à laiſſer un plus grand nombre de troupes ſur ſes frontieres de Hongrie, ce ſeroit toujours une diverſion utile à la république & à ſes alliés ſur la maſſe des forces qu'il auroit à employer contr'eux. (*)

Au reſte, tel que puiſſe être l'emploi de ces indications politiques, c'eſt aujourd'hui principalement ſur les opérations militaires que doit porter une prévoyance qui prépare & aſſure preſque toujours les ſuccès dans tous les genres; cette prévoyance néceſſaire dans tous les plans de campagne, ſoit d'attaque ſoit de défenſe, eſt d'autant plus importante dans le cas préſent, que la ſomme des moyens d'oppoſition ne dépend pas entierement de la république, & qu'il pourroit être cruel pour elle que quelque retard de la part des alliés intereſſés à la ſoutenir, occaſionné par des circonſtances imprévues (**), ne la ren-

---

(*) Qu'on rapproche ce réſultat d'une combinaiſon faite en 1781 de celui que vient de produire la réſolution ſubite du Divan, relativement à la marche déjà ſi avancée de l'armée autrichienne qui étoit deſtinée pour les Pays-Bas.

(**) L'auteur de ce Mémoire étoit certainement bien loin d'imaginer à l'époque de 1781, que, ſix ans après, les obſtacles qui pourroient croiſer les intentions magna-

dît dans les premiers momens de la guerre, victime de sa modération actuelle, au point de ne lui laisser, même après des succès ultérieurs, que de grandes pertes à réparer & le regret de ne les avoir pas prévenues lorsqu'elle le pouvoit.

On ne peut se dissimuler que dans le cours ordinaire des événemens, si la république reste abandonnée à elle même pendant tout l'hiver, après la réunion complette des Autrichiens dans les Pays-Bas, elle n'ait de grands dangers à courir, en tenant son armée sur la défensive dans les places.

On n'ignore point la nature des difficultés que les inondations dont toutes les forteresses de la gauche de l'Escaut sont susceptibles, feroient éprouver aux assiegeans dans une attaque réguliere, où ils n'auroient que la largeur de la digue pour ouvrir leurs tranchées; mais l'expérience de la campagne de 1747 a prouvé que ces difficultés ne sont pas insurmontables, & le peu de tems que ces places ont tenu,

---

nimes du Roi, seroient de la nature de ceux qui depuis quelques mois ont navré le cœur de tout François qui aime son maître & son pays; mais enfin il avoit prévu qu'il pouvoit exister des obstacles quelconques, il a même indiqué nommément les plus essentiels, il croit plus que jamais avoir vu, avoir dit la vérité; & il répete encore avec une conviction intérieure que le cri de guerre est peut-être le plus sûr, comme le plus noble des moyens pour réunir & rendre complettement la nation au Roi.

alors

peut donner des inquiétudes sur celui qu'elles tiendroient aujourd'hui (*) on peut se flatter qu'elles seront peut-être moins bien attaquées & mieux défendues, mais cette sorte de confiance est trop précaire pour motiver raisonnablement celle de la république : le siege de Bruxelles soutenu au mois de Janvier & Février 1746 par une garnison bien plus nombreuse que celle que la république aura dans aucune de ses places, a prouvé que l'hiver même ne met pas à l'abri d'un siege régulier : le parti qu'un général entreprenant peut tirer des glaces pour une escalade, pour une surprise ou même pour une attaque de vive force, est encore un motif fondé d'inquiétude dans cette position. Peut-être ne jugera-t-on pas les troupes autrichiennes généralement assez mordantes pour ces sortes d'expéditions, mais ce que ces mêmes troupes ont fait sous le Général Laudon à Schweidnitz, elles peu-

(*) M. le duc régnant de *Brunswick* vient de donner une nouvelle preuve de l'insuffisance de ces inondations si dispendieuses, pour empêcher l'ennemi de pénétrer dans le pays. On est persuadé que si les officiers éclairés par l'étude & par le génie, qui ont présidé à l'établissement des défenses, avoient été les maîtres, on n'auroit pas négligé d'y joindre l'emploi des moyens cachés dont il est question dans le paragraphe auquel appartient cette note. On se trouvoit placé sur un terrain si propre à se rappeller ce que fit avec succès à Dordrecht, vers la moitié du onzième siecle, le Comte *Florent I* de Hollande contre les forces trois fois plus considérables des évêques de Cologne & d'Utrecht !

vent le faire ſous le Général d'*Alton* à Hulſt, Axel, Philippines, &c. Cet officier Général eſt univerſellement reconnu pour un homme non ſeulement de grand mérite, mais de plus comme homme de la plus grande réſolution, & fort avide de gloire. Cette indication eſt d'autant plus intéreſſante, que dans toutes les occaſions de guerre, c'eſt preſque toujours de la tête que dépend l'action des membres.

Une armée qui défend des places a ſans doute de grands avantages ſur celle qui les attaque, mais ces avantages ſont d'ailleurs compenſés par la liberté qu'a toujours l'attaquant d'employer un plus grand nombre de moyens & de les diriger à ſa volonté, au lieu que toutes les défenſes d'une place ſont connues, calculées & que l'uſage en eſt abſolument déterminé : on regarderoit par cette raiſon comme fort eſſentiel dans le moment préſent, de préparer un genre d'obſtacle non apparent ſur les différens terrains qu'un génie vraiment militaire reconnoîtroit comme l'emplacement le plus naturel des batteries, places d'armes, redoutes & cavaliers que l'ennemi auroit à élever dans les approches de la place. Ces ſortes de moyens qu'on ne peut calculer & juger que ſur les lieux mêmes, feroient d'autant plus eſſentiels à ne pas négliger, qu'au moins, à en juger par les rapports de M. le Général *Dumoulin*, tels qu'ils ſont conſignés dans les papiers publics, il pourroit y avoir quelque négligence dans l'entretien de ces forteresses, & il n'y auroit que des moyens de cette nature propres à les remplacer.

C'est d'après ces différentes considérations *qu'en se dévouant au service de la République*, on avoit désiré que sans négliger aucun des secours concomitans qu'elle a le droit d'attendre de ses alliés, comptant principalement sur elle-même, (*) elle profitât d'un tems précieux que lui laisse encore la précipitation avec laquelle l'Empereur a déclaré ses intentions hostiles avant l'arrivée des troupes nécessaires pour les effectuer : c'est aussi dans la même vue qu'on avoit indiqué confidemment quelques tentatives à faire pendant la marche de ces mêmes troupes, surtout si la partie la plus intéressante des transports se faisoit par eau comme on le soupçonnoit alors.

Mais enfin si par des considérations majeures de politique interne ou externe, le parti de la République étant bien décidément pris, pour se mettre surabondament au dessus du reproche d'agression & pour soutenir un reste d'espérance dans les négociations, d'attendre patiemment que toutes les troupes de l'Empereur soient arrivées & réunies dans les Pays-Bas, au moins

(*) L'exécution du plan de campagne du mémoire du 3 novembre 1784.

eſt-il indiſpenſable de prendre pour cette époque des meſures telles qu'elles puiſſent encore, malgré la ſupériorité du nombre, conſerver à la République un eſpoir fondé de ne pas être la victime d'une agreſſion ſoutenue de moyens auſſi impoſans que le ſont ceux dont elle eſt menacée. On oſe aſſurer qu'il eſt de ces meſures que la prévoyance militaire peut indiquer, & dont le ſuccès ſeroit d'autant plus probable, qu'à certains égards l'uſage en ſeroit abſolument neuf à la guerre; mais comme ce ſuccès peut beaucoup dépendre du ſecret ſur les préparatifs & ſur le projet d'exécution, ce n'eſt que dans la plus grande confidence qu'on (*) s'en ouvrira à un ſeul homme qui après avoir jugé leur effet, faciliteroit ici les moyens d'exécuter dans le ſilence des préparatifs indiſpenſables: on ajoute que les meſures dont il ſeroit queſtion ne croiſeroient aucun plan de campagne tel qu'il fût ou pût être, qu'il ſeroit au contraire de nature à concourir puiſſamment au ſuccès, & qu'il renverſeroit totalement le plan ſur lequel l'empereur lui-même ſe ſeroit propoſé d'opérer.

On eſt intimement convaincu que l'emploi des moyens dont il eſt queſtion pourroit faire le ſalut de la République dans

(*) L'auteur croit avoir acquité le 29 juin 1785, l'engagement qu'il avoit pris, en remettant le mémoire de formation qu'on a lu page 49 de cette collection.

les tems les plus difficiles. (*) Ce que coûteroient ces préparatifs n'excéderoit pas la somme de 50 mille florins, & les avantages que la République retireroit de cette dépense sont incalculables; mais il n'y auroit pas un jour à perdre pour donner les ordres & commencer à travailler à ces mêmes préparatifs, pour pouvoir être en état d'en faire usage au moment où la république sera parfaitement convaincue de l'entiere infructuosité des négociations & que son honneur & sa sureté la forceront à prendre la résolution finale d'agir véritablement en guerre.

(*) L'homme de guerre qui a vu & réfléchi le plan de formation proposé pour les phalanges patriotiques, a jugé par le choix des armes qu'on croyoit les plus convenables à cette valeureuse bourgeoisie, du choix des circonstances propres à l'employer. Partout où elle auroit pu combattre au plus près, il est évident qu'elle auroit fait beaucoup de mal à l'ennemi, sans en souffrir beaucoup elle-même, & que son exécution auroit été d'autant plus meurtriere, qu'aucun des coups qu'elle auroit portés, n'eût été ni perdu, ni hasardé. Cet avantage en faveur de la phalange sur telle troupe réguliere que ce pût être, étoit incalculable dans une guerre de siége comme celle du Brabant Hollandois.

Du 10 octobre 1787.

„ Le concours des circonstances impérieuses qui ont empêché la France de porter au corps patriotique renfermé dans Amsterdam, des secours qui lui étoient devenus si instamment & si indispensablement nécessaires depuis que, par l'abandon précipité d'Utrecht, on avoit ouvert, sans coup férir, toute la Hollande à M. le duc de *Brunswick*, a complettement décidé le triomphe de la cause stathoudérienne. Tels qu'ayent été, ou ayent pu être les motifs qui ont déterminé la résolution qu'on a prise, & empêché l'exécution de celles qu'on avoit annoncées, il est parfaitement démontré que la premiere, la principale cause de cet événement décisif, a été *l'imprévoyance* politique, qui depuis le commencement jusqu'à la fin, a constamment présidé à toutes les fausses démarches qu'on a faites, & qui s'est opiniâtrement refusée à toutes les mesures évidemment justes & nécessaires qu'il convenoit de prendre, & qui ont toujours été si infructueusement indiquées. C'est à cet aveuglement inconcevable, qu'il faut imputer le renversement rapide d'un édifice, dont on a été si longtems le maître d'assurer irrévocablement la solidité. On a pu juger par l'extrêmité à laquelle il a fallu que la brave bourgeoisie fût réduite pour céder, le parti qu'on auroit pu tirer de ses dispositions, si on ne se fût pas laissé endormir par ces funestes négociations, où on a employé si maladroitement le plus dangereux des moyens au lieu de profiter de ce tems précieux, pour effectuer par un acte de vigueur sagement préparé la réunion préliminaire & indispensable de toutes les troupes régulieres, sous une même banniere, & à la faveur de cette réunion, lever ensuite ou prévenir tous les obstacles dont l'interposition armée d'une puissance étrangere, devoit embarrasser la marche du parti patriotique, & finalement, à la faveur de cette funeste division des troupes, anéantir, comme elle vient de le faire, les moyens insuffisans qui restoient au dedans, à lui opposer. C'est la fureur *protocolaire* des Délibérations, des Placards, des Propositions & des *Tabellionnages* didactiques de toutes les especes qui, ainsi qu'on l'écrivoit alors dans une lettre particuliere, ont rapé inutilement le courage patriotique. „

„ La France étoit bien sans doute intéressée à la réforme constitutionnelle à laquelle on aspiroit, mais ce n'étoit pas une raison pour s'en remettre entierement à elle; c'étoit principalement sur les moyens qu'on avoit en soi-même qu'il falloit compter: c'est avec ces moyens indépendans, qu'il falloit avant tout remplir l'objet capital de s'assurer l'obéissance & la disposition de toutes les troupes régulieres qui devoient former l'armée de la République, puis compter ensuite sur la Puissance alliée pou appuyer & ſoutenir la révolution, en joignant une partie de ſes forces à cette armée republicaine, & on auroit été sûr, en ſuivant cette marche, de réunir le vœu général des Etats, ou au moins de ſe conſerver toujours la très grande majorité & de prévenir le grand argument dont la cour de Londres s'eſt prévalue dans ſa déclaration remiſe par le Lord *Torrington*, pour établir l'inſuffiſance des titres qu'avoit la France pour s'interpoſer efficacement en faveur de la cauſe patriotique: c'eſt ce qu'on n'a jamais ceſſé de dire & d'écrire, mais il étoit décidé, dès le mois de décembre 1784, que les avis les plus ſages & les ſervices les plus réels devoient être également inutiles & à celui qui les donneroit, & à ceux qui les recevroient. Malgré tout le bien évident d'une marche auſſi ſimple que celle qui étoit indiquée, & le danger également évident qu'on avoit à courir en s'en écartant, il n'a pas fallu moins que l'événement pour convaincre l'irréſiſtible incrédulité avec laquelle le double eſprit de déférence & de parcimonie a conduit les choſes au point où elles ſont aujourd'hui. Quelles en ſeront les ſuites pour la République & pour la France elle-même? La poſſibilité des réſultats qu'il y a lieu d'en craindre pour l'un & pour l'autre ont été ſi poſitivement annoncés dans le mémoire du 12 ſeptembre 1786, & ſurtout ſi clairement indiquées dans la lettre du 2 mars 1787, (*) qu'il ſeroit

(*) Page 127 & 128.

ſuperflu de le répéter : nous touchons au moment qui fixera la juſteſſe ou la fauſſeté de l'opinion qu'on en avoit à cette époque.

„ C'eſt au tiers du mois d'octobre qu'on fait aujourd'hui cette réflexion, dans un tems où lorſque la guerre eſt la plus allumée; on commence déjà à s'occuper des quartiers d'hiver & de la repriſe des négociations pour ramener la paix. Cette obſervation peut flatter ſans doute au premier coup d'œil, de l'eſpoir & de la poſſibilité de conſerver l'une & de prévenir l'autre par ce même moyen ; mais malgré cette conſidération même, on ne balance pas à avancer qu'il reſte encore aſſez de temps pour que les derniers jours de ce même mois ſoient marqués par un déploiement ſubit de moyens hoſtiles, ſur des points où leur réunion pourroit être ſi diſproportionellement impoſante, qu'il ſeroit bien difficile de négocier alors avec aſſez d'égalité pour en tirer avantage, & l'exemple d'Amſterdam vient de convaincre qu'il eſt des cas oú toute négociation n'aboutit, quand la force propoſe, qu'à courber le foible ſous la loi de la néceſſité. On pouvoit tout prévenir en Hollande, ſi on avoit prévu ; mais peut-être, dans ce moment-ci, n'eſt-ce qu'en prévenant, & en prévenant nerveuſement & rapidement qu'on pourroit éviter de très grands malheurs à prévoir, ſi on ſe livre avec confiance à de nouvelles négociations quand il eſt autant queſtion de préſumer,

(furtout par ce qui fe paffe actuellement en Allemagne) que les moyens d'agreffion ont été trop réfléchis, & font trop près de l'activité à laquelle ils ont été deftinés, pour fe flatter d'engager la puiffance, qui les a préparés avec tant de foins & de dépenfes, à y renoncer. „

„ On ne peut s'empêcher de regarder l'armement fingulier d'Hildesheim comme la correfpondance certaine fur terre, des armemens navals que la cour de Londres fait dans fes ports, & par ce qu'elle fait dans ce moment-ci pour intéreffer la France fur un élément, on préfume ce qu'elle fe propofe de faire fur l'autre, à la faveur de cette inquiétante & difpendieufe diftraction. „

„ On croit de quelque importance d'obferver que cette combinaifon collective de troupes qui, indépendamment de celles de S. M. Pruffienne, forment une armée de 50 mille hommes, n'eft compofée que du contingent fubfidiaire fourni uniquement par les princes dont les états font fitués fur la bande du territoire Germanique qui s'étend de l'Ocker au bas-Rhin. „

„ Il paroît qu'il y a eu quelques changemens dans la premiere deftination des troupes Bavaroifes & Palatines dont les munitions avoient dû, ainfi qu'on l'avoit dit (*) être embarquées de l'arfenal de Manheim,

---

(*) Page 77.

pour descendre le Rhin jusqu'à Dusseldorp; elles n'ont surement pas encore passé sur ce fleuve, quoique ces troupes, dans les deux électorats, soient complettement équipées en guerre, & que depuis près de deux mois, elles ayent reçu l'ordre de se tenir prêtes à marcher; on ignore d'ailleurs ce qui peut être convenu avec le prince évêque de Würtzbourg, le duc de Würtemberg & peut-être l'Électorat de Mayence où il y a quatre mille hommes de troupes des plus lestes & des mieux tenues de l'Europe; mais si l'armement de l'Empire étoit effectivement collectif, comme on l'a soupçonné dès le mois de mars dernier, & que la même combinaison actuellement effectuée par les Princes de l'Empire à sa droite, s'exécutât dans la même proportion à sa gauche par les Princes dont les Etats sont situés sur la bande parallele de la Moldau au Haut Rhin, & que la marche de ces deux Corps d'armée fût simultanée comme leur armement a été collectif; on le répete encore, quel pourroit être l'objet de cette coalition & d'un mouvement de cette nature sur le Haut & Bas Rhin, sous les auspices des deux puissans Princes qui le dirigeroient?,,

,, Ce n'est pas seulement aux espérances d'une conciliation prochaine entre la France & l'Angleterre, malgré des symptômes de guerre aussi marquans que ceux qui viennent d'être exposés, que se bornent les spéculations pacifiques. Le désir qu'on auroit de conſerver la paix, étend ce même eſpoir juſqu'à faire revenir la Porte du parti qu'elle vient de prendre contre la Ruſſie. Les détails de l'attaque d'une frégate ruſſe par 17 bâtimens ottomans dont elle étoit enveloppée & auxquels elle a échappé avec gloire, annoncent au moins, malgré le peu de ſuccès de cette premiere hoſtilité que la réſolution du Divan eſt trop ſérieuſe pour qu'il en revienne auſſi facilement. La nomination que la Porte a faite d'un nouveau Chan de Crimée, eſt de ſa part une démarche encore plus marquante de ſon éloignement pour toute repriſe de négociations. Le premier réſultat en feroit néceſſairement de revenir ignominieuſement contre un acte auſſi ſolemnel de ſes prétentions ſur le recouvrement de cette intéreſſante principauté ; cependant malgré la notoriété de ces deux événemens qui ont immédiatement ſuivi le manifeſte du 24 août dernier, miniſtériellement communiqué à toutes les Cours, il eſt encore des ſpéculateurs qui, ſur la foi de quelques lettres particulieres, & ſur la confiance qu'ils donnent à des démonſtrations apparentes dont la ſincérité eſt au moins équivoque, augurent qu'on effectuera un accommodement par l'interpoſition réunie de l'ambaſſadeur de France & de l'internonce impérial à Conſtantinople ; On eſt bien éloigné, après la facon dont on a vu (*)

Page 72.

& jugé la résolution ſubite du Divan, ainſi que les motifs qui l'ont vraiſemblablement déterminée, & celle dont on juge dans ce moment-ci les diſpoſitions & les réſolutions de la cour de Vienne, d'adopter une opinion qui paroît n'avoir d'autre fondement que l'habitude où on eſt depuis le traité de Kanardgi, de voir l'eſpece de ſoumiſſion avec laquelle le miniſtere Ottoman s'eſt prêté à toutes les exigeances qui lui ont été ſucceſſivement propoſées par les deux cours Impériales, & à la plus grande partie deſquelles l'eſprit conciliateur qui dirigeoit alors le cabinet de Verſailles, avoit toujours inſpiré une condeſcendance, ou abſolue, ou au moins partielle. „

„ On croit au contraire aujourd'hui, que le temps des palliatifs eſt paſſé, & que celui de préférer l'uſage du fer, même malgré les dangers de l'amputation, eſt enfin venu, qu'on a renoncé à tous les toniques deſſéchans; que le grand Viſir actuel eſt également convaincu de l'inſuffiſance des demi-ſacrifices pour conſerver une paix ſolide, & des nouvelles difficultés que ces demi-ſacrifices, en ſe multipliant, oppoſeroient au déploiement efficace des forces Ottomanes, à l'époque finale, où après avoir épuiſé toutes les humiliations, il faudroit bien abſolument venir à faire la guerre, & qu'il s'eſt bien fermement réſolu à ne plus ſe laiſſer ni intimider par les menaces, ni induire par les conſeils. On obſerve même, qu'en prenant cette réſolution vigoureuſe, ce miniſtre n'a pas négligé ce qui pouvoit la rendre irrévocable & qu'il a cherché à enchaîner l'intrigue & les efforts de ceux des autres membres du divan qui pourroient être intéreſſés à prolonger la ſomnolence du grand ſeigneur, en ſe faiſant ſigner par ce prince, dès le mois de juillet, une approbation formelle de ſa conduite dans les affaires du Gouvernement, qu'il a fait ſolemnellement proclamer le 29 du même mois. On ſeroit aſſez porté, en le jugeant, comme miniſtre, ſur cet acte de prévoyance politique, à croire que comme Général, il ne négligera pas, comme ont fait ſes prédéceſſeurs, les démarches néceſſaires de prévoyance militaire. „

„ A cette obſervation relative à l'éloignement où on croit la Porte de toute repriſe de négociation conciliatoire, on ajoute (& on croit avoir raiſon de le faire) que, quand même, par une de ces révolutions miniſtérielles plus fréquentes à la Porte Ottomane qu'à toute autre cour, on parviendroit à ramener le Divan ſur ſes pas, ſi on veut juger avec une attention réfléchie de l'événement par la réponſe digne & fiere avec laquelle l'Empereur a notifié proviſoirement lui-même à la Porte, à quel prix il mettoit ſa neutralité & ſa médiation & que l'on rapproche d'un indice auſſi énergique des intentions réelles de ce prince, l'incroyable célérité avec laquelle il a décidé & dirigé ſes principaux moyens, en conformité des arrangemens eſſentiels qu'il avoit pris avec fon alliée, relativement à leur objet commun, il eft plus que probable que bien loin de chercher à revenir à des tempéramens de conciliation, *Jofeph II* n'en admettroit aucun de ceux qui pourroient lui être propofés, fans avoir pofé pour premiere bafe de tout arrangement, la réintégration complette de tous les articles convenus à la paix de Paffarovitz, ce qui emporteroit avant tout la reftitution de Belgrade, & il feroit par trop fingulier que cette place cédée aux Turcs en 1739 par l'entremife de M. de *Villeneuve* ambaffadeur de France, fût rendue à l'Empereur en 1787 par l'entremife également médiatrice d'un ambaffadeur françois. On a de la peine à imaginer que, dans l'état préfent du cabinet de Verfailles, on puiffe y avoir à fe reprocher des diffonnances de cette efpece. Cette place, foit qu'on la confidere dans fa pofition au confluent du Danube & de la Save, fous l'afpect militaire d'attaque & de défenfe, en tems de guerre, foit qu'on l'envifage, en tems de paix, fous un afpect purement mercantile, relativement au cours & au commerce du Danube, foit qu'on preffente combien fa poffeffion eft influente fur la Servie, la Bofnie, la Croatie, la Dalmatie, & la communication par ces provinces jufqu'au Golfe Adriatique, eft, & doit être un objet fi indifpenfable de recouvrement pour un prince qui les aime & qui eft auffi fyftématique dans fes vues, que l'eft *Jofeph II*, qu'il eft naturel de penſer que le ſiége de cette place ſera la premiere opération de ſa campagne, s'il n'eſt pas prévenu par le Viſir aux ligues de Semlin : l'énorme quantité de groſſe artillerie, qu'on deſtine à être employée dans cette guerre, & dont la majeure partie ſe dirige ſur Péterwaradin, vient à l'appui de cette préſomption. „

„ En voyant, dans un moment auſſi intéreſſant, un développement auſſi rapide des grands moyens de la maiſon d'Autriche ſur tous les points les plus propres à lui procurer les plus grands ſuccès, on ne peut pas douter que *Joſeph II* n'ait devant les yeux les époques les plus glorieuſes des regnes de *Leopold*, de *Joſeph I* & de *Charles VI*; il réunit en lui ſeul les talens qui étoient partagés entre ces trois grands Princes; il s'eſt élevé au deſſus des défectuoſités dont l'intolérance & une dévotion mal-entendue, ou une confiance mal placée ont quelquefois obſcurci leurs qualités; ſes premieres études ont été pour les égaler dans ce qu'ils ont fait de grand, & on ſe tromperoit fort dans l'horoſcope qu'on tire de ce Prince, s'il ne finiſſoit pas par les ſurpaſſer. „

„ C'eſt ſur cette opinion qu'on a de la grandeur réfléchie du caractere de l'Empereur, & ſur la nature des événemens dont on le voit ſi bien préparé à ſe rendre maître, qu'on ne croit pas qu'il conſentît à ſe prêter à des négociations qui l'empêcheroient de recueillir les fruits de gloire & de bonne fortune qu'il a droit de ſe promettre

mettre de ſa prévoyance, & qui ſont actuellement à leur maturité.„

„D'après des nouvelles de Varſovie qui paroiſſent authentiques, il paroîtroit que les deux Cours Impériales n'auroient négligé aucun des moyens qui pouvoient être à leur diſpoſition, & on juge par les approviſionnemens de grains & de fourages qui ſe font, principalement du côté de Kaminiec, que la République de Pologne ſe diſpoſe auſſi à accéder efficacement à l'alliance & aux efforts des Cours de Vienne & de Pétersbourg. On ajoute même que les troupes de la couronne & du Grand Duché formeront deux corps ſéparés dont le premier ſe réunira à l'armée ruſſe ſur le Nieſter, & l'autre au corps autrichien tiré de la Gallicie. Les mêmes lettres qui indiquent cet arrangement, ajoutent que le prix des grains de toute eſpece eſt ſingulierement augmenté par les commiſſions qui viennent de tous les côtés, particulierement pour le Dannemarck & pour la Suede; on ne confirme pas la déclaration de cette derniere Cour, qu'on avoit citée (*) en prévenant que ce n'étoit que ſur la foi des gazettes; mais à la nature des préparatifs dont on s'occupe à Stockholm & à Coppenhague, il y auroit lieu de croire que la nouvelle même, ainſi que le balancement qu'on avoit hypothétiquement annoncé comme

(*) Page 145.

en devant être la suite, ne tarderoient pas à se réaliser par la réunion du Dannemarck à la grande alliance, c'est le nom qu'on donne à celle des deux Cours impériales. Il est très vraisemblable que dans l'entrevue de S. M. polonoise & de l'Impératrice au passage de cette Princesse dans son voyage de Tauride, *Stanislas* dont les papiers publics ont recueilli le trait spirituel par lequel le monarque lui renouvelloit acte de sa reconnoissance, n'aura pas hésité sur les assurances de concourir à tout ce qui pouvoit flatter la gloire de ses armes & la grandeur de ses projets. On est d'autant plus porté à donner confiance à ces nouvelles qu'on avoit prévu dans un Mémoire du 31 Novembre 1784 l'usage que *Catherine II* pouvoit faire de l'armée de la République, même dans le cas où il pouvoit être question de s'exposer au ressentiment de *Frédéric II*, & qu'il y a les plus fortes présomptions qu'en prenant aujourd'hui ce parti, on ne risquera pas d'offenser *Frédéric Guillaume.* »

MEMOIRE

Remis à la Haye à MM. V. B. & G., *le 31 juillet 1785.*

En voyant l'Empereur revenir sur ses pas, après avoir annoncé avec autant d'éclat, bien moins encore ses projets de vengeance que ceux qu'il avoit formés sur l'entier affranchissement de l'Escaut, pour le rétablissement de sa marine flamande, il est d'autant plus essentiel de chercher à pénétrer le motif réel qui a déterminé ce Prince à se borner aux concessions partielles qui font dans ce moment-ci la base de la conciliation, qu'il pourroit y avoir à craindre que l'exécution de ces mêmes clauses, toutes restraintes qu'elles paroissent être, n'eût les suites les plus dangereuses par la nature des moyens qu'elle fournira à *Joseph II* (au premier prétexte d'humeur & de mécontentement qu'il lui plaira de faire naître,) de consommer un plan qu'il ne consentiroit à suspendre aujourd'hui, que pour s'en mieux assurer le succès à l'époque qu'il jugera la plus favorable au développement de ses vues.

C'est sur la démolition de Lillo & sur celle des autres Forts que la République possede à la droite de l'Escaut, que porte principalement cette réflexion.

On n'ignore point que ces ouvrages se trouvant effectivement placés sur le territoire autrichien, si on les considere simplement sous cet aspect, peuvent n'y être regardés que comme autant de pierres d'achoppement dont la suppression préviendroit toute nouvelle contestation entre la République & la cour de Vienne; mais le choix même qu'on a fait originairement de ces emplacemens litigieux, n'annonceroit-il pas la sorte de nécessité où on se trouvoit de passer par dessus les égards d'usage & de bienséance, pour ne s'occuper que de l'objet capital qui, en déterminant cette construction, fixoit également avec précision le lieu où elle devoit se faire?

L'attention avec laquelle la République dans toutes les occasions & spécialement dans son traité de 1709 avec la reine *Anne* d'Angleterre, s'est fait assurer & garantir la conservation de ces mêmes Forts, ne confirme-t-elle pas aussi l'importance qu'elle a cru toujours devoir mettre à ne pas se désister de ces emplacemens?

S'il n'y avoit eu d'autre objet en élevant les forts de la droite de l'Escaut, que de barrer aux Anversois la navigation de ce Fleuve, comme on le faisoit aux points les plus éloignés des canaux de la gauche, en fermant le Zwin & la bouche du Saz, on pouvoit avec le Fort de Liefkenshöek faire la même chose sur le courant même du Fleuve; ou, on auroit pû en construire un au point de Saftingen, & même plus près encore de la jettée de Saint-Martin, ſur un terrain bien inconteſtablement à la République, qui auroit rempli l'objet de l'interdiction navale, auſſi parfaitement que Lillo.

Mais il paroît qu'indépendamment de ce motif, on en avoit encore un autre non moins important, & qui étoit, au moyen de ces Forts & de leurs écluſes, d'ôter aux poſſeſſeurs d'Anvers la facilité de ſe porter en force ſur des points dont il étoit eſſentiel pour la ſureté de la Flandre hollandoiſe de les tenir écartés, afin de ſe donner le tems de les y prévenir, ou au moins de leur diſputer avec une ſorte d'égalité les avantages d'une poſition regardée à juſte titre, comme auſſi influente ſur la conſervation des intéreſſantes Fortereſſes de la Généralité.

Les hommes d'Etat qui veillent avec autant de pénétration que de ſageſſe à la ſureté, à la proſpérité & à la gloire de la République, ne pouvant, dans une diſcuſſion de cette nature, s'éclairer que de connoiſſances purement militaires, on a cru ne pouvoir mieux les mettre à portée d'apprécier les obſervations qui font l'objet principal de ce mémoire, qu'en réuniſſant en même temps ſous leurs yeux, le plan ſur lequel l'Empereur auroit été forcé de régler les opérations de ſa campagne, ſi elle avoit eu lieu dans l'état actuel des Forts qui ſont encore à la droite de l'Eſcaut au deſſus de Zandvliet, & celui ſur lequel ce prince pourra régler les mêmes opérations, lorſque ces mêmes Forts ſeront démolis. Ce ſera ſur la comparaiſon réfléchie & raiſonnée des moyens & du tems qu'exige néceſſairement le premier de ces deux plans, avec la rapidité d'exécution dont le ſecond eſt ſuſceptible en y employant des moyens beaucoup moins étendus, & bien moins diſpendieux, qu'on pourra évaluer avec quelque juſteſſe toute l'importance dont peuvent être à la République les démolitions conſenties.

PLAN

de campagne de l'Empereur, ſi elle avoit eu lieu dans l'état actuel des Forts de la droite de l'Eſcaut.

L'objet réel & unique de la levée de bouclier de *Joſeph II* ayant évidemment été, non ſeulement de rendre à ſa ville d'Anvers ſon ancienne exiſtence commerçante, mais même d'étendre ſes relations & ſa navigation par tous les moyens & tous les canaux poſſibles, il eſt hors de doute que l'intention de ce Prince portoit ſur la conquête entiere de la Flandre hollandoiſe.

Il n'a dû & n'a pu eſpérer de réuſſir dans l'attaque de toutes les fortereſſes qui couvrent & défendent cette province qu'autant qu'en les iſolant de toute eſpece de ſecours, & en les réduiſant à la ſeule défenſe de leurs garniſons, il ſeroit bien certain que rien ne troubleroit les travaux & les opérations des corps chargés du ſoin de les ſoumettre : pour s'aſſurer cette tranquilité il falloit que l'Empereur attirât aſſez puiſſamment l'armée de la République ſur la Meuſe, & qu'il l'occupât aſſez eſſentiellement entre cette riviere & la droite de l'Eſcaut, pour qu'elle fût hors d'état de porter aucun ſecours efficace à la gauche de ce dernier fleuve.

C'eſt ainſi qu'en uſa le Maréchal de Saxe

en 1747 après la bataille de Laufelt ; & il est plus que vraisemblable que c'est aussi ce qu'auroit fait l'empereur si la campagne avoit eu lieu ; l'établissement de son grand magasin à Louvain & la distribution d'une partie considérable de ses troupes sur la Meuse, la Sambre & la Mehaigne, indiquent encore dans ce moment-ci la position centrale que ce Prince se proposoit de prendre dans les plaines de Tongres ou de Tirlemont.

Ses dépôts de mortiers & de grosse artillerie à Anvers & à Gand ne laissent également plus de doute sur l'usage auquel il les destinoit dans la Flandre hollandoise.

Mais pour effectuer ces deux objets, il ne falloit pas moins de quatre-vingt mille hommes, dont 50,000 pour l'armée destinée à agir près de la Meuse, & 30,000 pour les réserves chargées des opérations de la gauche de l'Escaut ; & c'est effectivement à ce même nombre de 80,000 hommes, que *Joseph II* lui-même, dans les premiers élans qui annoncerent à toute l'Europe ses dispositions hostiles, avoit porté l'état des troupes qu'il destinoit à l'expédition des Pays-Bas.

Les obstacles qu'un hiver rigoureux a opposés à la marche de ses premieres divisions, obstacles plus embarrassans encore qu'auroient eu à surmonter celles qui les auroient suivies, surtout la cavalerie & l'artillerie, par la rareté extrême des fourrages ; le nouvel ordre de combinaisons dans la dispoſition de ſes moyens que l'intervention de la France (ſur laquelle il n'avoit peut-être pas compté ſitôt,) l'obligeroit de faire; ſurtout la découverte inattendue & précipitée de quelques autres vues qui ont ſonné l'allarme dans preſque tous les cabinets, & qui ont formé depuis cette confédération qui occupe dans ce moment-ci toute l'Allemagne; peut-être encore les changemens arrivés à la Porte, & de nouvelles meſures à concerter avec *Catherine II* ſoit pour prolonger la léthargie de cette puiſſance, ſoit pour chercher à l'écraſer avant qu'elle en ſorte; toutes ces différentes conſidérations en particulier ou réunies, peuvent, & doivent même avoir déterminé l'Empereur à reculer juſqu'à l'époque d'une exploſion générale qui paroît inévitable aujourd'hui, l'exécution d'un projet qui n'en reſte pas moins au fond de ſon cœur, & d'après lequel on a les plus fortes probabilités de le ſoupçonner de ne ſe prêter aux conceſſions convenues que parce qu'il a preſſenti tout le parti qu'il en pourra tirer, dans l'occaſion, pour le ſuccès le plus rapide de ſes vues.

PLAN

de campagne de l'Empereur ſi elle a lieu après la démolition des forts à la droite de l'Eſcaut.

L'Empereur n'ayant plus d'obſtacles qui gênent ſes mouvemens à la droite de ce fleuve, portera un Corps de vingt mille hommes entre Zandvliet & Eckeren, pendant que les différentes diviſions de ſes troupes diſtribuées dans Oſtende, Niewport, Bruges & Gand, pénétrant toutes à la fois dans la Flandre hollandoiſe, en maſqueront ou en inveſtiront en même tems toutes les places.

Si les vents & la mer ne ſont pas abſolument contraires, des bâtimens fretés à cet effet dans le port d'Oſtende, tranſporteront ſix bataillons avec du canon dans l'Iſle de Cadzant, où le débarquement ſe fera avec d'autant plus d'aiſance que la mer à l'embouchure de l'Oueſter-Schelde découvre en ſe retirant, dans toute la partie qui regarde le Wielingue juſqu'à la hauteur & même un peu au deſſus de Fleſſingue, une plage très unie d'un ſable très ferme. Les objets que ces bataillons auroient à remplir dans l'Iſle de Cadzant, feroient, après en avoir déſarmé les habitans, de ſe porter de façon à défendre l'entrée du Zwin pour couvrir le ſiége de L'Ecluſe ; empêcher tous les ſecours qu'on tenteroit de faire paſſer dans la Flandre hollandoise, en s'opposant à l'approche des vaisseaux & à toute espece de débarquement, comme le firent en 1747 les bataillons françois qui y étoient, vis à vis la petite escadre angloise du commodore *Mitchel* qui mouilloit sous Flessingue.

Enfin ces bataillons en attaquant de leur côté les villes & postes d'Ostbourg & d'Issendik, co-opéreroient de leur mieux au succès de l'attaque réguliere de ces places, qui seroit faite par les troupes employées à la gauche de la bouche de Saz, afin de s'ouvrir le plus promptement possible la communication respective avec ces mêmes troupes; pendant que le camp de Zandvliet à cheval sur l'Escaut, au moyen d'un pont de Bélandres qu'on établiroit à la hauteur même où auroit été Lillo, (*) pourroit se porter en totalité ou en partie, suivant les circonstances à la gauche du Fleuve, pour y donner la main dans le besoin à la réserve chargée des attaques sur le rameau de la bouche du Saz.

Les gens de guerre qui examineront le plan qui vient d'être esquissé, observeront d'abord, que pour l'exécution du mouvement général de toutes les troupes de l'expédition à la droite & à la gauche de l'Escaut, par mer & par terre, il ne faut qu'une seule marche, même de nuit, si les points de direction & de développement

(*) Il y seroit aujourd'hui non-seulement établi, mais puissamment ptotégé & couvert.

ont été bien reconnus, si l'ordre a été clairement exprimé par le Général, & ponctuellement suivi par les commandans particuliers de chaque division. Ils se convaincront, par l'inspection du terrain entre Zandvliet & Eckeren, que ce camp intournable par ses flancs, fortifié sur son front, comme il pourroit l'être promptement par les ressources de l'art, y deviendroit lui-même une espece de citadelle d'autant plus respectable pour l'armée de la République, qu'elle ne pourroit s'en approcher qu'en marchant par des bruyeres arides & marécageuses en même temps, où l'eau & le bois sont extrêmement rares, où elle ne tireroit qu'avec peine ses subsistances & ses munitions, de ses places de Bréda, Bolduc & de Berg-opzom, où enfin, après avoir surmonté toutes ces difficultés & ces fatigues, elle n'auroit joint l'ennemi que pour le combattre avec tous les désavantages réunis de l'art & de la nature & de plus avec tous les dangers d'une retraite longue & découverte en cas d'événement malheureux; au lieu que le camp de Zandvliet qui réuniroit le double avantage & de couvrir parfaitement ses derrieres & d'en tirer avec liberté entiere toutes ses munitions de guerre & de bouche, auroit surabondamment encore, en cas d'un malheur qui ne seroit pas présumable, l'assurance d'une retraite facile & couverte jusques sous le canon d'Anvers.

Ils remarqueront encore que ce mouvement simultané par lequel toutes les divisions se porteront en même tems sur la droite & sur la gauche de l'Escaut, aux points qui leur auront été indiqués, étant de nature à être préparé & exécuté, sans avoir été annoncé ni prévu, auroit vraisemblablement tous les avantages de la surprise, dont il est difficile de calculer les effets, qui pourroient être tels que dès l'aube même du jour de l'arrivée des troupes sur leurs points de développement, une grande partie des ouvrages extérieurs, & même des Ecluses, eût été enlevée de haute lutte par les avant-gardes, ou même occupée par elles, sans y trouver de résistance, par la sécurité qui trop souvent en fait négliger la garde.

Ils jugeront enfin par l'emploi si aisé de tous les canaux qui correspondent des points du départ à ceux de l'arrivée & des opérations, toutes les facilités qu'on auroit pour faire passer aux troupes des deux Réserves de la gauche les convois de pelles, pioches & outils de toute espece, ainsi que ceux des saucissons, fascines, gabions, piquets, clayes, poutrelles, & généralement de tous les agrès & apparaux nécessaires & accessoires au succès le plus prompt des opérations dont elles seroient chargées.

N. B. Tous ces préparatifs auroient été faits sans éclat, & sous d'autres prétextes dans le pays de Luxembourg où tout auroit été emmagasiné, pour n'en être transporté que la veille du jour destiné à l'expédition

& en arrivant à Ostende, Bruges & Gand, y être tout de suite embarqués à la suite des troupes qui en devroient faire usage.

En employant 30000 hommes pour les deux réserves de la gauche, avec les 20000 du camp retranché à la droite de l'Escaut, on voit qu'au lieu des 80000 mille hommes, indispensablement nécessaires dans le premier plan, il n'en faudroit que 50000 dans le second ; si pour surabondance de sureté on porte le camp de Zandvliet à 30 mille hommes, il se trouvera encore que la démolition des Forts de la droite de l'Escaut sera pour l'Empereur un équivalent de 20000 hommes.

Quand on se rappelle d'avoir vu avec une partie seulement de ces moyens, & moins bien préparés, & moins favorablement disposés, toutes ces mêmes places non surprises & s'attendant à être assiégées, n'en être pas moins enlevées toutes dans l'espace d'un mois, on a bien de la peine à se défendre de l'inquiétude motivée par tant de raisons, non seulement sur la possibilité, mais même sur la rapidité du succès d'une expédition conçue & exécutée comme on vient de l'exposer.

A la suite de ces spéculations militaires dont on n'a indiqué les principaux détails que pour les rendre plus sensibles aux vertueux & pénétrans patriotes auxquels ces observations sont destinées, & les mettre dans le cas d'en pouvoir conférer avec ceux qu'une réputation justement méritée, une expérience consommée dans toutes les parties de la guerre, appuyée de toutes les connoissances topographiques du terrain en général, & de tous les ouvrages en particulier, rendent les justes dépositaires de leur confiance & de celle de la République :

On croit encore, par une suite de l'attachement personel & de la vénération qu'inspirent ces véritables chefs de la patrie, ne devoir pas leur dissimuler le souvenir de ce qui se passa en 1747, & les avantages que les partisans de l'autorité d'un seul tirerent contre l'autorité patriotique & véritablement souveraine, des impressions fâcheuses qu'avoit faites sur l'esprit des peuples un malheur dont les suites n'étoient certainement à aucun titre comparables à celles qu'entraîneroit après lui le succès de l'expédition qui vient d'être projettée, & dont le désespoir public se croiroit d'autant plus fondé à leur imputer la faute, que celle des démolitions sacrifiées dans cet instant-ci à l'amour de la paix, seroit alors dans la plus parfaite évidence; cet aspect d'une possibilité aussi affligeante, est trop frappant pour ne pas recueillir & fixer la plus sévere attention de ces hommes vertueux sur les intentions réelles que l'ennemi de la République pourroit masquer dans ce moment-ci sous le voile d'un feint amour de la paix, & sous celui d'une feinte déference pour la médiation du Roi son beau-frere.

Ce qu'il y a de certain & de consolant, c'est que telle humeur que ce Prince eût intérieurement du parti que prendroit la République, soit de revenir par la voie des explications sur cette démolition, soit (ce qui seroit & plus facile, & plus conforme au respect qu'elle doit & à sa parole & au médiateur qui l'a reçue) d'en éluder par des délais successifs, l'exécution jusqu'à l'époque d'une explosion imminente qui, rompant par une guerre générale tous les engagemens antérieurement pris pour tâcher de conserver la paix, sauveroit à la Flandre Hollandoise la plénitude des défenses qui font sa sureté; telle humeur, a-t-on dit, qu'en eût intérieurement l'Empereur; avec le peu de troupes qu'il a dans ses Pays-Bas, il ne peut rien entreprendre contre la République: l'usage qu'il auroit pû faire, il y a quelques, mois des troupes Palatines Bavaroises & peut-être Würtzbourgeoises n'est plus praticable aujourd'hui, dans l'état de fermentation où sont actuellement les affaires de l'Empire Germanique. *Joseph II* avanceroit par là l'époque d'un événement qu'il doit chercher à différer jusqu'au moment où il sera assuré de l'arrangement de tous ses moyens, & du concours effectif de ses alliés.

Il est d'autant plus difficile, au reste, pour ne pas dire impossible, que l'explosion générale n'ait pas lieu, qu'en balançant avec une juste attention les forces respectives de seize ou dix-sept cents mille hommes qui

qui sont armés sur terre en Europe, si à ce calcul numérique, on joint le calcul rationel de l'intérêt direct & actif des Puissances qui seront dans l'alliance de l'Empereur, & qu'on le compare aux motifs de pure déférence, de bienséance, ou de crainte qui décideront, ou ont même déjà décidé en apparence le parti auquel s'attacheront quelques princes & Etats particuliers: en présumant les tiédeurs, les lenteurs, les irrésolutions & peut-être les infidélités, qui avec des motifs aussi peu sûrs que ceux qu'on leur soupçonne, se rencontreront dans la façon dont ils concourront aux opérations & aux besoins de la chose commune; qu'à cette observation on en joigne une seconde sur les moyens qu'aura l'Empereur de détacher de l'association qui lui sera opposée, & de ramener ou à la neutralité, ou peut-être à quelque chose de pis, telle puissance, sur les diversions de laquelle on auroit fait le plus grand fonds, il se trouvera encore que bien loin que cette combinaison générale en impose, comme on s'en flatte, à l'empereur, il est très possible que les avantages du nombre & de la force, soient encore du côté de ce Prince,

La premiere de ces observations regarde la maison de Brunswick, en général, & spécialement, la branche électorale d'Hanovre, tant à raison de ses anciens engagemens avec la cour de Vienne, que relativement à l'influence que celle de Londres aura toujours sur elle. La circonspection qui l'empêche d'user de cette influence sur leurs résolutions actuelles, se réserve vraisemblablement d'en faire usage, lorsqu'il sera question d'effectuer les engagemens que ces cours auront pris.

La seconde observation porte sur le roi de Sardaigne qui par la concession que pourroit lui faire *Joseph II* des objets si fort à sa bienséance dans la Lombardie & le Milanois, pourroit se trouver puissamment combattu entre l'intérêt personel & l'intérêt général de l'association où il seroit entré: L'histoire des variantes habituelles de la cour de Turin en pareilles circonstances, n'est pas de nature à tranquilliser tout à fait sur cette crainte.

„ Ce qu'on ne peut se refuser de voir,
„ & qu'il est de la plus grande & de la
„ plus sérieuse importance de ne pas per-
„ dre de vue, parce que c'est une vérité
„ évidente, & une vérité évidemment
„ très dangereuse; c'est qu'un prince qui
„ depuis la mort de l'Impératrice sa mere
„ a augmenté ses armées de 60000 hommes,
„ n'a pu faire cette augmentation que par
„ des motifs très réfléchis, & qu'un prince
„ qui avec un revenu d'à peu près quatre-
„ vingts millions de florins de Vienne, ose
„ entretenir au delà de 360,000 hommes,
„ dont 60000 de cavalerie, avec double ar-
„ mement de siége & de campagne dans ses
„ quatre arsenaux de Hongrie, de Bohê-
„ me, d'Autriche & d'Italie, ne peut

„ fubvenir à des dépenfes auffi prodigieu-
„ fement difproportionnées qu'en em-
„ ployant, un peu plus tôt ou un peu plus
„ tard, ces mêmes troupes à l'invafion des
„ Provinces qui lui fourniront les moyens
„ de les payer : qu'il lui faut pour cela d'a-
„ bord de l'argent, & enfuite du commerce
„ qui en procure ; qu'il cherchera à prendre
„ l'un & l'autre où ils font, conféquemment
„ que c'eft fur la Hollande de préférence
„ à tout autre Etat qu'il porte fes vues,
„ que c'eft à cette République qu'il importe
„ le plus de le furveiller, & que plus elle
„ aura de déférences pour lui, plus il
„ étendra fes prétentions contr'elle, en
„ employant & ce qu'elle lui aura cédé, &
„ ce qu'elle lui aura donné, à lui arracher
„ ce qu'il en exigera encore. „

Mais les engagemens formels que l'Empereur va prendre avec la République fous la garantie de la France, peuvent-ils laiffer à cette derniere des inquiétudes fondées, pour l'avenir, & doit-elle regarder comme des facrifices onéreux ceux qu'elle fait dans ce moment-ci pour opérer la confommation d'une alliance dans laquelle elle place la plus jufte confiance?

Les engagemens que l'Empereur prendra en fignant fon traité feront certainement conçus dans les termes les plus propres à lier fa bonne foi & à enchaîner toute vue ambitieufe, mais quelle forte d'engagemens plus formels ce prince peut-il prendre, qui aillent au delà d'une déclaration solemnelle donnée spontanément à la face de toute l'Europe, dans laquelle on articuloit assurance & garantie à la République de Pologne, de la totalité, de l'intégrité absolue de tous ses domaines, tels qu'elle les possédoit à la mort de son dernier roi *Auguste III*, & cependant deux ans après, les salines de Bochnia & de Wielieza, avec les deux plus belles Provinces de ce patrimoine si solemnellement garanti, n'en ont pas moins été enlevées par le garant.

Il semble, aujourd'hui, qu'avec la facilité que les deux cours impériales si étroitement unies, ont trouvée à changer les noms des Provinces qu'elles acquierent sur leurs voisins, elles n'ont besoin que de ce petit changement pour effacer le souvenir de la perte. Qui oseroit répondre qu'avec ces principes, & le besoin d'un supplément de revenus pour subvenir à l'entretien énormément dispendieux d'un état militaire aussi monstrueux que le sien, *Joseph II* ne se proposât pas de rendre un jour aux sept Provinces Unies leur ancien nom des Iles Bataves?

A l'égard de la garantie de la France, & des secours que la République aura toujours lieu d'en attendre; on est assurément bien éloigné d'élever le plus léger doute, ni sur la magnanimité avec laquelle ces secours seront promis, ni sur la fidélité avec laquelle ils seront tenus, ni sur l'efficacité avec laquelle ils seront employés.

Mais en fixant toujours des regards attentifs sur la combinaison naturelle de cette explosion générale dont l'Europe est si menacée & où il paroît qu'une moitié de l'Europe commence déjà à s'armer contre l'autre; on ne peut s'empêcher de prévoir & d'en revenir au parti que prendra bien certainement l'Empereur de faire marcher lui-même une armée très considérable sur le haut Rhin, pour prévenir dans les Pays-Bas l'intervention des forces de la France, (le plus dangereux & le plus imposant des obstacles qui puissent y barrer l'exécution de ses vues) en obligeant le Roi son beau-frere, devenu son ennemi, à faire avancer en Alsace la majorité de ses forces mobiles & à porter au moins avec ses garnisons de Strasbourg & de Landau, son armée à 110 mille hommes dans cette province :

Si à cet emploi indispensablement forcé d'une portion aussi considérable des forces du roi, on calcule sur le parti que prendra l'Angleterre en opposition à celui de la France, & qu'on entre dans le détail des corps de troupes que cette derniere aura à entretenir dans son intérieur, dans ses ports, ses places & toutes ses frontieres maritimes, spécialement aux points de la Manche où les travaux qu'elle & entrepris & déjà si fort avancés, font évidemment de nature à causer trop de jalousie & d'inquiétude à la cour de Londres, pour ne pas s'attendre à lui voir diriger, aussitôt que l'occasion s'en présentera, ſes efforts les plus ſérieux contre des établiſſemens dont les ſuites peuvent être eſſentiellement allarmantes pour elle, ſi elle les laiſſe ſe perfectionner.

Le renouvellement de la guerre par mer qui ſuivra immédiatement la révolution de la guerre de terre, exigera encore que la France faſſe paſſer quelques régimens ſoit dans l'inde, ſoit dans ſes colonies américaines, à moins que les nouveaux Etats Unis ne lui fourniſſent des ſecours efficaces contre leurs anciens concitoyens, ce qu'il ne paroît pas qu'on ait trop lieu de ſe promettre d'un peuple ſur lequel la gloire & la reconnoiſſance doivent peut-être avoir moins d'empire que la certitude des avantages mercantiles qu'il retireroit de ſa neutralité.

Tel foible que ſoit le corps que la France entretient en Corſe, c'eſt toujours un moyen de moins, pour ſe conſerver en Flandres, une activité telle qu'il conviendroit à la République, & pour y donner à ſa garantie tout le poids qu'elle eſt faite pour inſpirer. Tels étendus que ſoient les moyens de la France, ils ſont cependant bornés, & on riſque le calcul le plus haſardeux ſi on ſe flatte que dans la multiplicité d'objets qu'elle aura à remplir, après avoir porté en Alſace un auſſi grand nombre de troupes, elle ne ſoit pas forcée d'abandonner ſa frontiere de Flandres à ſes ſeules garniſons, ce qui mettra *Joſeph II* dans le cas de l'exécution du ſecond plan d'opérations, tel qu'il a été tracé précédemment, avec des conséquences, ſous toutes les faces, auſſi allarmantes pour la République.

On n'entre point dans ce que l'on pourroit ſe promettre du roi de Pruſſe : on doit ſentir que dans l'exploſion dont il eſt queſtion, ce ſera ſur la Prégel, le Nieſter, la Viſtule, l'Oder, l'Elbe, que ce prince donnera ſes principales attentions ; ce ſera beaucoup s'il deſtine un corps d'obſervation pour couvrir les poſſeſſions éloignées de ſa droite en Gueldre & en Weſtphalie : On ſe rappellera qu'en 1757 il prit pour ſe concentrer, le parti de l'évacuation ; s'il ne fait pas la même choſe dans les circonſtances qui paroiſſent ſi prochaines, ce ne ſera que pour entretenir communication entre les confédérés de ſon alliance, & les princes qui auroient accédé à cette confédération ; mais on peut être bien ſûr que dans aucun cas, le corps que Frédéric II aura en Gueldre ou en Weſtphalie ne ſe détachera jamais de la gauche du Rhin, & de la droite de la Meuſe.

En admettant que l'Empereur ait trente mille hommes en Italie, cinquante mille en Hongrie, quatre-vingt dix mille ſur le haut Rhin, ſoixante mille dans les Pays-Bas ; il lui en reſtera encore 130 mille à oppoſer au roi de Pruſſe, en Bohême, en Luſace, & en Saxe.

Telle diſproportionnée qu'on préſume qu'elle eſt, ou que ſoit effectivement à la population & aux revenus de l'Empire Ruſſe, la maſſe des forces militaires qui y ſont actuellement ſur pied ; il n'en eſt pas moins vrai que *Catherine II* a 312 mille hommes bien effectifs, & des troupes les plus fermes & les plus aguerries de l'Europe.

Il eſt au moins probable, ſi ce n'eſt pas quelque choſe de plus, que 100 mille de ces hommes-là, avec la flotte de l'Euxin, & le concours des 50 mille Autrichiens qui forment le cordon d'Hongrie, ſont plus que ſuffiſans pour en impoſer à la Porte, & peut-être anéantir cette puiſſance en Europe.

Si ſur les 212 mille qui reſteront à ſa diſpoſition, *Catherine II* en envoye, comme fit *Eliſabeth* en 1767, 60000 à la pointe du Kurriſch Haven ſur Melnick, & 60000 autres ſur le Nieſter pour contenir Choczim, couvrir la Gallicie, & menacer les nouvelles poſſeſſions Pruſſiennes en Pologne ; on verra qu'avec 60 mille hommes pour couvrir & défendre ſon royaume de Pruſſe, & 50 mille au camp de Graudentz, *Frédéric II* ſera de 10 mille hommes au deſſous de la proportion numérique des ennemis qui lui ſeront oppoſés.

Si à cette diſpoſition des forces Ruſſes, trop naturelle pour ne la pas prévoir comme décidée & déterminée ;

On ajoute que cette Princeſſe eſt abſolument la maîtreſſe, dans les diſpoſitions de reſpect, de confiance, de ſoumiſſion & de reconnoiſſance où eſt vis à vis d'elle la ville de Dantzig, d'y faire paſſer par mer, quand elle le jugera à propos, un corps de 8 ou 10 mille hommes qui feroient le déſeſpoir de la communication du Roi de Pruſſe entre ſes armées, ſes marches, & ſa Poméranie ; en ſe rappellant les ſoupçons qu'on a eus l'année derniere, (lors du blocus de cette ville par un corps Pruſſien) ſur les puiſſances qui encourageoient ſourdement l'opiniâtreté des Magiſtrats ; en conſidérant que c'eſt la volonté abſolue de l'impératrice qui a décidé cette querelle, & en obſervant de plus qu'on a conſervé à cette affaire une queue qui n'eſt pas encore terminée dans le moment préſent, on ſentira peut-être que cette *niche* militaire qu'on n'indique que comme poſſible, eſt peut-être déjà dans l'idée des alliés du Nord, comme projet.

A partir du même principe, & de l'eſprit de déférence abſolue, de reſpect & de ſoumiſſion de la Pologne même pour *Catherine II*; ſoumiſſion, telle que l'expreſſion ſeule de ſon déſir, marquée par un ſeul ſigne de ſon miniſtre Stackelberg, eſt une loi abſolue devant laquelle toutes les autres ſe taiſent, on pourroit encore d'autant plus appréhender l'uſage que cette Princeſſe pourra faire des 25 ou 30 mille hommes effectifs qui forment le corps d'armée de la couronne & de Lithuanie, qu'elle pourroit leur faire enviſager pour prix de cette démarche la gloire & l'utilité du recouvrement de la portion démembrée en faveur de *Frédéric*

II, que ſes anciens copartageans chercheroient à lui reprendre aujourd'hui, comme coupable vis à vis d'eux d'une eſpece de félonie, pour avoir oſé ſe déſunir de leur alliance.

En donnant une attention convenable à tous ces objets d'une prévoyance fondée peut-être ſur des indices plus forts que ceux des ſimples poſſibilités, on eſt forcé de reconnoître, malgré toute la confiance & la vénération qu'inſpirent la réputation, les moyens, les reſſources, le génie & les talens éminens du roi de Pruſſe, que les proportions & les préſomptions ne ſeroient pas en ſa faveur.

Après cet aperçu motivé du dépouillement, & de l'emploi des forces des Puiſſances capitales des deux alliances oppoſées, il ſeroit ſuperflu d'entrer dans le détail des forces ſecondaires : on ſent que le Dannemarck balancera la Suede, que l'électeur de Baviere & Palatin doit ſurabondamment balancer celui de Saxe, que la maiſon de Würtemberg balancera celle de Heſſe : A l'égard des autres Etats & princes particuliers, leur inexiſtence reſpective ſe balancera d'elle même, en ſubordonnant tous leurs moyens à la préſence de celle des grandes armées qui couvrira, ou occupera leurs poſſeſſions.

Tels arides que ſoient tous ces détails militaires, il eſt cependant indiſpenſable de les avoir dans la tête & ſous les yeux, puiſqu'ils ſont la meſure des eſpérances ou

des craintes qu'on peut concevoir, & la seule regle certaine des mesures qu'il convient de prendre : C'est d'après l'étude sérieuse & réfléchie qu'on en a faite, qu'on répete encore avec le même fonds de zele dont la pureté & la vivacité ne se sont pas démenties un seul instant depuis le premier où on en a fait l'hommage : „ Que rien ne
„ peut être, que rien ne doit être plus im-
„ portant à la République que de compter
„ principalement sur elle-même, & de pren-
„ dre sans interruption les moyens les plus
„ efficaces pour pouvoir se passer dans le
„ besoin, des secours que ses alliés les plus
„ sinceres & les plus chauds, pressés eux-
„ mêmes sur leurs propres foyers, pour-
„ roient être, malgré toute leur bonne vo-
„ lonté, hors d'état de fournir à sa défen-
„ se. „

Du 16 Octobre 1787.

„Au point où ſont les choſes en Hollande, l'Angleterre eſt tranquille ſur les ſuites de l'alliance qui avoit ſi ſenſiblement piqué ſa jalouſie. Sure de n'avoir point à combattre les deux pavillons réunis, elle porte peut-être déjà plus loin ſes eſpérances. „

„ On conçoit aiſément que dans ce moment de triomphe, la cour de Londres ne ſe donne plus la peine de cacher l'impreſſion qu'a faite ſur elle le progrès des travaux de Cherbourg, & on ne doute pas qu'elle ne ſaiſiſſe la premiere occaſion de détruire, ſi elle peut, un établiſſement auſſi allarmant que choquant pour ſa prétendue ſouveraineté ſur les eaux du Canal de la Manche. Le même jour que les frégates angloiſes ont ſalué, il y a un an, *Louis* XVI ſur le patriote, eſt celui où la ruine de ſon nouveau Port a été réſolue dans le cabinet de St. *James*: la préſence du Monarque en annonçoit la continuation & en préſageoit le ſuccès. Le double intérêt de ſureté & de gloire exigeoit de la Grande-Bretagne qu'elle en prévînt la perfection. „

„ On le prévit alors; (*) mais on avoue qu'on n'avoit pas prévu qu'un Ambaſſadeur demanderoit formellement un an après, la démolition d'un ouvrage dont la conſer-

(*) Page 77.

-vation eſt ſi intéreſſante à l'honneur du roi & de la France. „

„ Quoique cette prétendue demande ſoit répétée dans quelques feuilles publiques & même confirmée par des lettres particulieres, on n'héſite pas à regarder cette nouvelle comme fauſſe & controuvée, & on ne peut ſe perſuader que l'Angleterre ait oſé charger ſon Ambaſſadeur de cette commiſſion, ſans avoir acquis auparavant par la force de ſes armes, le droit d'en donner la loi. „

„ Dans la longue rivalité qui depuis des ſiecles a balahcé entre les deux nations les revers & les ſuccès, les anglois ont eu des avantages ſur l'un & ſur l'autre élément, mais il n'eſt aucun de ces combats, où ils n'ayent rendu juſtice eux-mêmes à des ennemis qui, forcés quelquefois de leur céder l'honneur du champ de bataille ou du pavillon, ne l'ont jamais fait qu'en emportant celui de l'avoir noblement diſputé. „

„ La rivalité n'a rien pris juſqu'à préſent ſur l'eſtime que les deux peuples ſe doivent, & une exigeance de l'eſpece de celle dont il eſt queſtion, s'écarteroit trop d'un ſentiment qui doit être au moins réciproque, pour penſer que la cour de Londres ait pû ſe la permettre. „

„ Si, par impoſſible, cette humiliante propoſition avoit été faite, l'Angleterre en ſeroit punie par le reproche qu'elle auroit à ſe faire, d'avoir par cette démarche efficacement contribué au falut & à la gloire de la rivale qu'elle auroit voulu abbaiffer.„

„ La nation entiere fe feroit rendue dès le moment même à la plénitude de fon zele & de fon amour inextinguible pour fon Roi & pour fon pays. Le françois ne fait point féparer l'un de l'autre ; l'imitation n'a pas gagné, & ne gagnera jamais jufques là. Il peut dans un moment d'égarement aller jufqu'à offenfer lui-même fon maître, c'eft le crime de fa légéreté : mais il ne fouffrira jamais impunément que l'étranger lui manque : l'amant jure quelquefois contre fa maitreffe, mais dans le fonds du cœur il l'adore. La publicité feule de l'infulte (fi elle étoit vraie) feroit le plus fûr de tous les édits burfaux ; le Roi pourroit marcher avec confiance à fes ennemis. Il n'auroit jamais été fi riche, ni mieux fervi. „

„ On ne le diffimule pas. Telle adreffe qu'on mette dans les négociations, on regarde la guerre comme inévitable, & de telle façon qu'elle fe déclare & qu'elle fe faffe, on croit que la France aura befoin de toute fon énergie. „

„ Plus on réfléchit fur la détermination évidente des moyens qu'on a fous les yeux, & qui font à découvert, & plus on croit voir le danger d'autres moyens non apparens dont l'objet eft encore caché. „

„ C'eft fur cette miftérieufe combinaifon qu'il importeroit principalement au fpéculateur attentif de fixer fes regards & fes réflexions. C'eſt elle (ſi elle exiſte réellement) qui doit produire la grande commotion dont on a dit que les ſuites pouvoient être intéreſſantes aux deux mondes. Les armemens qui ſe font actuellement dans les ports de la Grande-Bretagne pour l'Amérique & pour l'Inde, peuvent être deſtinés à opérer des déplacemens dans ces régions éloignées, ſoit qu'il ſoit queſtion des colonies françoiſes en Amérique, où le bouleverſement phyſique arrivé dans l'une d'elles, & les germes de mécontentement qui ſe ſont développés dans une autre pourroient leur facilité des ſuccès ; ſoit qu'ils ayent pour objet d'aller à main armée ſubſtituer dans les établiſſemens hollandois aſiaſtiques des défenſeurs anglois à des défenſeurs françois, & conſommer par cette révolution le retour d'influence que la cour de Londres vient de regagner dans le Gouvernement intérieur de la république. „

„ L'armement que la même Cour de Londres annonce vouloir faire paſſer dans la méditerranée, & qui eſt à ce qu'on croit effectivement deſtiné à ſe maintenir dans le port de Canée, pourroit préparer dans notre Europe, un autre déplacement dont les ſuites (s'il s'effectue) feroient non ſeulement très prejudiciables au commerce de la France dans le levant, mais même avec le tems, deviendroient allarmantes pour toute la Méditerranée. Pour fixer ſes idées ſur cette poſſibilité, il n'eſt peut-être queſtion que de ſe reſſouvenir qu'au commencement de la derniere guerre d'Amérique, lorſque la France & l'Eſpagne ſe déclarerent en faveur de l'inſurrection des colonies ſeptentrionales, il y eut une négociation entamée entre les cours de Londres & de Pétersbourg, pour céder à cette derniere l'Isle de Minorque & le Port Mahon : on en eut l'éveil aſſez à tems à Verſailles & à Madrid pour prévenir l'événement en faiſant le ſiege du fort de S. Philippe. „

„ Cette obſervation ſur le déſir prouvé, qu'avoit alors *Catherine II* d'acquérir un établiſſement dans la méditerranée porteroit à penſer que l'Angleterre n'eſt dans ce moment-ci que le prête-nom de la Ruſſie & que c'eſt pour cette puiſſance qu'elle méditeroit de ſe maintenir dans l'isle de Candie. „

„Cette prévoyance eſt d'autant plus frappante, que dans le plan du Canal deſſiné de la main même du Czar *Pierre* I pour joindre les eaux du Volga à celles du Tanais, auquel ce Prince fit travailler dès l'année 1696 après s'être rendu maitre d'Aſoph, la marche deſignée des navires de Ruſſie eſt ponctuée juſqu'au delà du détroit des Dardanelles. (*)

On ignore ſi cet ouvrage a été achevé, mais on préſume, ou qu'il eſt reſté imparfait, ou qu'on en a totalement négligé

(*) On a vû ce plan en brouillon original.

l'enl'entretien comme inutile, depuis la restitution d'Azoph aux Turcs, dans la funeste paix du Pruth en 1711.

Ce qu'on sçait positivement, c'est que *Catherine II* quelques mois avant son voyage de Tauride, a envoyé des ingénieurs nationaux & étrangers sur les lieux mêmes ; & que sur les rapports qui lui ont été faits, elle a donné des ordres précis, d'après lesquels le canal doit être à sa perfection dans deux ans au plus tard.

On voit qu'au moyen de la communication des deux fleuves, les vaisseaux Russes qui partiroient de la mer Caspienne, n'auroient gueres que 200 lieues de navigation pour entrer dans la Mer noire, par celle de Zabache, & si dans la guerre qui vient de se rallumer entre la Porte & la Russie, les événemens en étoient assez favorables à cette derniere puissance, pour qu'elle pût exiger au traité de paix, la cession d'Azoph, en se faisant confirmer la possession de la Crimée, avec la libre jouissance du passage de la mer de Marmara & du détroit des Dardanelles, (dans la supposition que la cour de Londres lui destinât l'isle de Candie,) il est évident que des vaisseaux Russes fretés & armés dans le Port d'Astrakan, pourroient dans une navigation de 300 ou 350 lieues au plus transporter des peuplades de Calmucks Torgauts & de Tartares du Jaick à la gorge du Golphe adriatique, où ils feroient de dangereux voisins pour le commerce du levant, & peut-être même pour les ports de la méditerranée.

Les droits que la Cour de Londres auroit acquis sur la reconnoissance de celle de Pétersbourg, sont de nature à intéresser plus particulierement la France à prévenir de concert avec l'Espagne, l'éxécution d'un projet qui seroit si contraire aux intérêts des deux couronnes, s'il étoit aussi vrai, qu'on le juge vraisemblable.

Cette réflexion déjà motivée par ce qui a été dit du Traité de cession qui avoit été entamé pour l'Isle de Minorque, acquiert un nouveau dégré de probabilité par la conformité de la marche supposée de *Catherine II* avec les vues de *Pierre le Grand*. C'est à les suivre que cette Princesse met sa propre grandeur, & il faut convenir, à la façon dont cela lui a réussi jusqu'à présent, qu'elle ne pouvoit pas prendre de route plus sûre pour arriver à l'immortalité.

Le grand objet du voyage que le Czar fit en France en 1717, avoit été de faire entrer cette couronne dans ses vues, en faisant avec elle un traité avantageux de commerce, mais il ne fut pas longtems à reconnoître que la jalousie de la France sur la Méditerranée étoit invincible ; Il est au moins possible, qu'en se retournant du côté de l'Angleterre, *Catherine II* parvint au même but par une route différente; ce ne feroit pas la premiere circonstance où cette Princesse auroit été au de là de son modele.

Telles importantes que puiſſent être ces réflexions pour l'avenir politique, il ſeroit peut-être encore plus inſtant d'en faire de férieuſes ſur les ſuites d'une combinaiſon menaçante qu'on a déjà indiquée, & dont les réſultats ſeroient plus immédiats, conſéquement bien plus intéreſſans encore à raiſon de leur contiguité. „

„ L'habitude où on eſt depuis longtems de voir les objets ſous un aſpect d'oppoſition, qu'on croit permanente, peut inſpirer une fauſſe ſécurité.

„ C'eſt cette ſécurité qui vient de perdre le parti patriotique en Hollande, & qui eſt au moment de remettre complettement la République ſous l'influence dominatrice de la cour de Londres, (à moins que des ſecours proportionés aux beſoins du parti opprimé, ne relevent encore ſa confiance, ſa force, & ſon courage.) C'eſt en écartant juſqu'à la poſſibilité de l'interpoſition armée du Roi de Pruſſe & du concours de l'Angleterre, qu'on a négligé de prendre toutes les meſures propres à prévenir ou à parer les dangers de ce concert; la France en écartant la poſſibilité de celui dont la menaceroit un armement collectif de l'Empire germanique, peut s'expoſer elle-même à des pertes bien ſenſibles.

Les ſieges de Kehl & de Philipsbourg en 1734 rappellent cependant à cette couronne l'époque non éloignée d'une guerre qu'elle ſoutenoit alors contre l'Empereur

& l'Empire. Il eſt vrai que ſi le même cas arrivoit, la ſomme & l'emploi des moyens qu'elle auroit aujourd'hui contr'elle, feroient bien différens de ceux qu'elle eut alors à combattre, mais la grandeur du danger n'en détruit pas l'exiſtence. Cette union eſt indépendante des forces proportionelles qui en réſulteroient; l'intérêt collectif qui l'a formée dans un tems, reſte le même pour la former dans un autre, ſoit que les reſſorts de la puiſſance active des Princes-Unis ſoient auſſi relachés qu'il étoient alors, ſoit qu'ils ſoient auſſi univerſellement tendus qu'ils le ſont aujourd'hui. „

„ Ce ne peut être qu'en s'aſtreignant à la logique la plus ſcrupuleuſe, que l'obſervateur de bonne foi peut percer juſqu'à la vérité. „

„ Il exiſte actuellement une ligue en Allemagne. „

„ Les 50,000 ſubſidiaires de l'Angleterre en ſont une preuve évidente. „

„ Le Roi de Pruſſe eſt le Prince le plus puiſſant & le plus dangereux de cette alliance: l'Angleterre en eſt l'ame. „

„ Le Cabinet de S. James eſt le foyer des réſolutions, & c'eſt aux rayons qui partent de ce foyer central, qu'il convient de s'éclairer ſur les objets qui ne ſont pas encore entierement à découvert.

Ou cette ligue eſt déſenſive, ou elle eſt offenſive, & dans l'un & l'autre cas, ou elle eſt contre la France ſeule, ou elle eſt contre l'Empereur ſeul, ou enfin contre l'Empereur & la France réunis.„

„ Obſervons avant tout, que c'eſt l'Angleterre qui a pris les troupes à ſa ſolde; c'eſt elle qui paye, ce ſera donc l'intérêt de cette puiſſance qui en déterminera l'emploi. „

„ Lintérêt de l'Angleterre, dans la premiere ſuppoſition que la ligue fût défenſive ne peut être, en Allemagne, que d'y mettre l'électorat d'Hanover à couvert d'une invaſion. „

„Cette précaution contre laFrance ſeule, ſeroit évidemment ſuperflue. „

„ Contre l'Empereur ſeul, elle ſeroit encore (s'il étoit poſſible) plus évidemment inutile. „

„ Ce ſeroit donc contre l'Autriche & la France réunies que les princes de l'alliance Britannique ſe ſeroient ligués défenſivement. „

„ Quel eſt le nouveau traité? le traité inconnu qui a aſſez étroitement reſſerré l'union des deux cours de Vienne & de Verſailles, pour allarmer la cour de Londres, au point de lui faire prendre des précautions auſſi diſpendieuſes? „

„ On l'a déjà obſervé; la Grande Bretagne ne peut avoir d'autre intérêt national en Allemagne que celui d'y défendre les états Electoraux de ſon roi; ce ne pourroit être que pour cela que ſon parlement décerneroit des ſubſides; les inquiétudes de l'Angleterre à cet égard ne peuvent certainement pas porter directement ſur le chef de l'Empire, ce ſeroit donc ſur la France ſon alliée qu'elles porteroient. „

„ Mais le cabinet de Saint-James n'ignore pas qu'il n'eſt aucun cas poſſible (celui ſeul d'une guerre contre l'Empire excepté) où la France pût & oſât faire paſſer le Rhin à ſes troupes ſans y être appellée par l'Empereur & l'Empire même ; & ce n'eſt ſurement pas le cas préſent. „

„ Le renouvellement de l'échange de la Baviere auquel la France a pu ſe prêter, même en prenant l'engagement d'y concourir de toutes ſes forces, ne ſeroit-il pas un motif aſſez puiſſant pour avoir déterminé la réunion des troupes de tous les princes qui ſont entrés dans l'aſſociation dont *Frédéric II* a été le promoteur ? „

„ On convient que tous les Princes dont la cour de Londres vient de prendre les troupes à ſa ſolde, peuvent avoir un grand intérêt à maintenir l'aſſociation déſignée en Allemagne par le nom de *Furſtenbund*. Il leur importe ſans doute, ou du moins ils peuvent croire qu'il leur importe, de s'oppoſer à une augmentation de puiſſance qui pourroit un jour menacer leur ſouveraineté individuelle & même la liberté collective. „

„ Mais plus cet intérêt eſt, ou pourroit être réel pour chacun d'eux, moins il auroit beſoin d'être excité par des ſubſides : Pourquoi ſeroit-ce la nation qui n'a originairement pris aucun engagement dans cette aſſociation, qui en feroit les fraix? „

„ Et quel prix la France recevroit-elle de l'Empereur pour ſa déférence, & pour ſon concours, dans la conſommation d'une affaire qu'elle a jugée dans d'autres tems ſi contraire à ſon intérêt perſonel? „

„ Ce ne peut pas être la ceſſion des Pays-Bas, au moins en totalité; puiſque ces pays doivent ſuivant l'état de la queſtion même, être échangés; il n'en pourroit donc être fait qu'une diſtraction partielle en faveur de la France. „

„ La cour de Londres ſait parfaitement d'abord, que par le 2me article du traité de la Barriere, il eſt expreſſément convenu *qu'aucune partie du territoire des Pays-Bas, ne pourra jamais écheoir à la couronne de France, ni à aucun Prince de ſa lignée:* „

„ Mais, ſans tirer avantage dans le raiſonnement, de la clauſe formelle d'un traité au deſſus duquel la Politique moderne pourroit peut-être s'élever relativement à cet engagement, comme elle a fait ſur ceux qui avoient été pris par les articles III & IV du même traité; on obſerve que cette offre de la part de l'Empereur n'a pas changé de nature depuis le premier voyage que ce prince a fait en France; & il ſemble que ſi elle avoit pû & dû avoir lieu, c'eſt à cette époque qu'elle auroit été faite de préférence & que c'eſt auſſi à cette époque qu'elle auroit été acceptée, ſi elle avoit dû l'être. Si elle n'a point été faite alors, ou qu'elle ait été éludée; il n'eſt pas vraiſemblable que les meſures priſes par la France dans la courte guerre qui a précédé le traité de Teſchen, ayent inſpiré aſſez de confiance à *Joſeph II* pour l'avoir engagé depuis à en faire ou à en renouveller la propoſition, „

„ On convient que s'il exiſtoit effectivement un traité entre la cour de Vienne & celle de Verſailles, au moyen duquel la France dût acquérir, (même une partie des Pays-Bas) la cour de Londres auroit un aſſez grand intérêt à s'y oppoſer, pour pouvoir, en payant un corps auſſi conſidérable de ſubſidiaires, régler & déterminer leurs mouvemens ſur les points où il lui conviendroit de le faire ; „

„ Mais de tous les moyens que les deux cours de Vienne & de Verſailles auroient eu à leur diſpoſition pour effectuer le traité qu'on ſuppoſe qu'elles auroient conclu, il n'y en avoit point de plus ſûr pour mettre la France en état de ſoutenir ſa priſe de poſſeſſion, que de concourir à lui conſerver l'influence qu'elle étoit parvenue à gagner en Hollande, & l'Empereur eſt trop éclairé pour n'avoir pas prévu qu'en ne s'oppoſant point à la marche de M. le duc de Brunſwick, & en approuvant les réſolutions qui lui avoient été communiquées par S. M. Pruſſienne même, la réintégration de la puiſſance ſtathoudérienne, devoit, ou pouvoit au moins, à la faveur de cette interpoſition, rendre à la cour de Londres toute ſon ancienne influence ſur la République, & que ce moyen de plus, doubleroit ſes forces pour empêcher que le traité avec la France n'eût ſon exécution. „

„ La non-conformité de la marche de la cour de Vienne dans cette affaire, paroît être une preuve évidente de l'inexiſtence du traité ſuppoſé entre les deux Cours. „

„ Ce ne feroit donc plus alors pour s'y oppoſer que la Grande Bretagne auroit formé une ligue défenſive. „

„ Il n'eſt pas hors de propos de remarquer que le Général *Faucit* a ſigné ſes traités de ſubſides dans les derniers jours de ſeptembre & le premier d'octobre. M. le duc de Brunſwick donnoit déjà la loi en Hollande, & le ſuccès de l'expédition de ce prince devoit rendre les meſures de précaution d'autant plus ſuperflues, que le parti pris de tout prévenir en attaquant, avoit déjà complettement réuſſi.

La ligue payée par l'Angleterre ne pouvoit donc être défenſive, dans aucun des cas de défenſe imaginables, ni contre la France ſeule, ni contre l'Empereur ſeul, ni contre l'Empereur & la France réunis. „

„ Il faut donc en venir à regarder la même ligne comme offenſive, & dans ce ſecond cas, c'eſt encore la France ſeule, l'Empereur ſeul, ou la France& l'Empereur réunis que l'Angleterre ſe propoſe d'attaquer. „

„ En voyant toutes les troupes subsidiaires de l'Angleterre dans la main du roi de Prusse, ce surcroit de moyens réunis à ceux d'un prince déjà aussi redoutable de son propre fond, ne laisse aucun doute sur tout le parti que ce Prince en pourroit tirer, soit pour conserver les conquêtes que son prédécesseur a faites sur la maison d'Autriche ; soit pour en faire peut-être lui-même de nouvelles ; „

„ L'intérêt de *Frédéric Guillaume* est évident dans cette supposition ; mais on chercheroit en vain celui qu'auroit ou pourroit avoir la Grande Bretagne, pour concourir à si grands fraix à la satisfaction ou à la gloire de son allié. „

„ La ligue offensive foudoyée par l'Angleterre n'est donc point dirigée contre l'Empereur seul. „

„ Si c'est contre l'Empereur & contre la France réunies, on redemande encore à quel titre ? pour quel sujet ? et surtout quel intérêt peut avoir la grande Bretagne qui paye, pour prévenir par une attaque combinée la communication de deux alliés dangereux dont elle craint & veut prévenir la réunion, précisément dans le tems où l'un de ces deux alliés porte ses plus grands moyens sur le Danube. „

„ On conviendra du moins que cette énorme distraction de forces, n'annonce pas de la part de l'Empereur le soupçon d'une attaque aussi imminente de la part de l'Angleterre & de ses alliés ; & ce ſoupçon ſeroit cependant naturel, ſi par une liaiſon étroite telle qu'on la ſuppoſe il avoit pu y donner lieu. „

„ On n'ignore point que malgré l'apparat énorme des forces militaires que *Joſeph II* déploye en ce moment ſur les frontieres Ottomanes, celles qui reſtent encore à ce Prince au centre de ſes Etats, & qu'il vient d'augmenter, ſont aſſez impoſantes pour le mettre au deſſus des craintes d'une aggreſſion quelconque, ſurtout dans la combinaiſon ſuppoſée convenue de ces troupes avec les armées Françoiſes; „

„ Mais quelle ſeroit la communication poſſible entre les unes & les autres? & l'intervalle qui s'oppoſe à la concentration des moyens, n'eſt-il pas en même tems un indice marquant contre l'intimité & l'uniformité des vues qu'on ſuppoſeroit aux deux cours de Vienne & de Verſailles. „

„ Mais en même tems que l'Empereur a donné au Feld-Maréchal de *Laſcy* ſur le Danube, le commandement général des troupes qu'il paroît que S. M. Impériale s'eſt reſervé de prendre elle-même en chef, le Feld-Maréchal de *Laudon* a reçu l'ordre de ſe mettre à la tête d'une autre armée autrichienne qui s'eſt raſſemblée en Bohême & en Moravie, & on ne voit pas que rien puiſſe empêcher cette même armée en ſe réuniſſant les troupes Bavaroiſes, Palatines Würtzbourgeoſes & celles de quelques autres Princes des cercles de

Franconie, de Souabe & du Haut-Rhin, de communiquer avec la France par l'Alface? „

„ On ne peut fe refufer à cette poffibilité, & c'eft précifément fur cette poffibilité démontrée qu'on croit qu'il eft de la plus grande & de la plus inftante néceffité de voir parfaitement clair. „

„ Cette communication eft poffible fans doute; elle eft même naturelle; & elle peut être affurée par un traité dans des vues d'utilité réciproques aux deux cours, on en convient encore. „

„ Mais dans le cas où il n'y auroit point de traité, la même communication avec la France par l'Alface refteroit encore ouverte à l'armée Autrichienne réunie aux mêmes troupes Bavarroifes, Palatines &c. & dans ce dernier cas, on fentira auffi combien elle pourroit être dangereufe contre la France feule. „

„ On ne peut s'empêcher de revenir encore fur une obfervation qu'on a déjà indiquée. „

„ Si la France & l'Empereur étoient convenus enfemble de l'emploi refpectif de cette même communication pour s'oppofer aux efforts combinés du Roi de Pruffe & de l'Angleterre contre leur alliance; Quel rôle auroit joué & joueroit encore dans ce moment-ci le Général *Murray* avec les autrichiens qui font à fes ordres? comment ce corps, dans des difpofitions d'hoftilités auffi prochaines entre ſon maître & le Roi de Pruſſe eſt-il reſté auſſi tranquille pendant la marche des 20,000 Pruſſiens aux ordres de Mgr. le Duc régnant de *Brunſwick*? quelles diſpoſitions de retraite, d'attaque, ou de défenſe ce Général a-t-il faites? Pourquoi même n'en fait-il pas davantage, depuis qu'il a été inſtruit que les troupes pruſſiennes déjà en Hollande, y reſtoient, que d'autres corps pruſſiens s'en approchoient, & que l'armée ſubſidiaire, formant une ſeconde ligne à Hildesheim étoit autant en meſure de ſe porter ſur le Bas-Rhin & même ſur la baſſe-Meuſe? Pourquoi dans ce moment-ci, qui ſeroit ſi inſtant (dans le cas d'une alliance étroite entre les deux cours de Vienne & Verſailles, donne-t-on congé à trois mille ſoldats, dont le tems eſt fini? Pourquoi le corps autrichien ne ſe réunit-il pas aux françois, ou plutôt pourquoi les françois ne ſe réuniſſent-ils pas aux Autrichiens pour prévenir leurs ennemis communs? Pourquoi ſurtout, lorſque la France a *notifié ſes réſolutions*, l'Empereur n'a-t-il rien *notifié* qui aunonçât une parité de vues avec la France? l'embarras où on ſe trouve pour ſe donner des réponſes ſatisfaiſantes à ces différentes queſtions, détermine forcément à reporter ſes regards ſur le paſſé pour eſſayer d'y trouver un fil à l'aide duquel on puiſſe ſe guider dans le labirinthe des ſpéculations préſentes. „

„ On remarque d'abord qu'Erneſt de

Brunſwick en faveur duquel *Léopold* créa le neuvieme Electorat, crut devoir ſignaler ſa reconnoiſſance par l'engagement ſolemnel qu'il prit en ſon nom & en celui de ſes ſucceſſeurs de ne ſéparer jamais ſon vœu, dans ce qui concerneroit les affaires de l'Empire, de celui de l'Auguſte maiſon d'Autriche; cet engagement ſubſiſte & n'a jamais été révoqué; „

„ On ſe rappelle la longue intimité des trois cabinets de Vienne, de Londres & de Pétersbourg. „

„ On obſerve que malgré la guerre de ſept ans qui a ſuivi le traité de 1756, cette intelligence des trois cabinets, (quoique néceſſairement moins manifeſtée) n'avoit cependant jamais été entierement rompue.„

„ On n'oublie point ce qu'on a vû & ce qu'on a dit de la confiance & même de l'amitié perſonelle dont *Joſeph II* a toujours honoré le Lord *Stormont* pendant tout le tems de ſon ambaſſade à Vienne, & cette conſidération ramene encore aux ſoupçons qu'on avoit conçus en 1781 ſur un des objets eſſentiels du voyage de l'Empereur à Pétersbourg. C'eſt de cette époque qu'on ſeroit aſſez porté à dater la négociation ſecrete du parfait retour des trois cabinets à leur ancienne intimité. „

„ La conformité actuelle de la marche des deux cours Impériales eſt au moins un indice de leurs diſpoſitions reſpectives avec celle de Londres. „

„ Il ne paroitroit pas impoſſible que

c'eût été dès le même voyage de l'Empereur à Pétersbourg, qu'on eût commencé à calculer éventuellement sur la mort prochaine de *Frédéric II*, & que la cour de Londres se fût chargée de préparer les voies pour changer totalement le sistême de la conr de Berlin, sous le regne de son successeur. „

Il est certain au moins que les simptômes de rapprochement entre les deux maisons d'Autriche & de Brandebourg ont toujours été en augmentant depuis l'avenement de *Frédéric Guillaume* au trône. „

„ Soit que les soupçons qu'on a annoncés sur les deux voyages mistérieux de M. le Duc de Saxe-Weymar soient fondés ou non, Il est sûr qu'à dater de l'époque du premier, l'intelligence la plus confidente s'est établie entre les cabinets de S. James & de Berlin, & que depuis la date de la possibilité de la conférence de l'Augarten, tous les indices comme tous les raisonnemens prêtent également à l'idée d'un concert d'autant plus inquiétant, qu'il sembleroit que la plus sincere confiance auroit remplacé le sentiment contraire dans les deux monarques. „

„ On a remarqué que pendant tout le tems des négociations qui se faisoient à Londres pour les affaires de Hollande, les couriers expédiés par le cabinet de S. James partoient en même tems pour les deux cours de Vienne & de Berlin, & cette conformité d'expédition dans la même affaire eſt un préjugé au moins vraiſemblable de la parité d'intérêt. „

„ A la façon dont les affaires de l'inſurrection Brabançonne ſe ſont terminées, il eſt évident que dans le tems que l'Empereur faiſoit marcher 60,000 hommes vers les Pays-Bas, il étoit le maître d'uſer de la même indulgence qui lui a rendu auſſi doucement depuis le cœur & la ſoumiſſion de ſes ſujets Belgiques. Puiſque ce moyen ſi ſimple étoit le meilleur à prendre, il eſt à préſumer que c'eſt celui que cet habile Prince auroit pris d'abord : Il falloit donc que les 60 mille hommes de troupes qui ſe portoient entre l'Eſcaut & la Meuſe euſſent une autre deſtination interne, que celle apparente de réduire les inſurgens. „

„ On reporte encore ſes regards en arriere ſur la poſition reſpectivement latérale où ſe feroient trouvés les corps d'armée Pruſſienne & Autrichienne à la gauche du Rhin, ſans la nouvelle inattendue qui a fait rétrograder les Autrichiens vers le Danube; l'œil militaire croit toujours voir dans cette poſition (qui étoit pourtant alors néceſſairement décidée) une démonſtration non équivoque (ſinon d'un concert pour le même objet) au moins de la confiance égale avec laquelle les deux princes ſe propoſoient de ſuivre chacun de ſon côté leur opération, & il eſt bon d'obſerver encore que dans cette marche ſimultanée, il y avoit néceſſairement un point déterminé

de

de réunion, lorſque le ſuccès des armes Boruſſo-ſtathoudériennes auroit donné au roi de Pruſſe le droit d'influer ſouverainement ſur les réſolutions finales de la République. „

„ On ne le croit pas; mais s'il étoit vrai, comme on l'a dit, que ce ſoit l'ambaſſadeur Britannique à Conſtantinople qui ait opéré la réſolution du Divan, il ſeroit encore poſſible que l'objet du cabinet de Saint-James dans cette marche oblique, eût été de déterminer irréſiſtiblement *Joſeph II*, par l'embarras momentané du parti qu'il lui conviendroit de prendre; à s'en remettre avec confiance pour ſes intérêts les plus chers ſur l'Eſcaut, à la fidélité avec laquelle le roi de Pruſſe rempliroit à cet égard les arrangemens convenus entre ce prince & lui, ſous la garantie de l'Angleterre. „

„ Quoi qu'il en ſoit, il eſt plus qu'apparent que s'il étoit reſté à l'Empereur quelqu'inquiétude ſur l'abus que pourroit faire *Frédéric Guillaume* de la préſence de M. le duc de Brunſwick & des troupes pruſſiennes en Hollande, pour y déterminer l'arrangement final dans un ſens contraire à ſes vues, il n'auroit pas négligé de mettre ſon général *Murray* en état de le ſurveiller; car on perſiſte à croire qu'un des objets réels de cet arrangement final de l'affaire de Hollande, eſt pour l'empereur, d'y terminer une bonne fois à ſon avantage l'affranchiſſement de l'Eſcaut. „

„ Si le parti qu'a pris l'Empereur en ne

laissant que le même nombre de troupes dans ses états Belgiques, est effectivement (comme il seroit bien difficile de s'y refuser) une preuve marquée de la confiance de ce Prince dans l'Angleterre & son allié, comment concilier cette même confiance avec la destination supposée à la ligue soudoyée en Allemagne, pour attaquer la France & l'Autriche réunies ? Ce seroit donc contre la France seule que la cour de Londres auroit formé un armement aussi dangereux.

Et cette même cour de Londres seroit d'un autre côté, dans des termes de confiance intime avec la cour de Vienne? „

„ Quelle suite de possibilités à prévenir, s'il faut enfin considérer la ligue payée par l'Angleterre sous cet aspect! „

„ S'il existoit depuis longtemps un plan conçu d'abord par l'amour de la gloire, & ensuite réfléchi par l'ambition. „

„ Si ce plan avoit été saisi par la rivalité d'abord, & depuis médité par la vengeance, sur l'intérêt personel qu'on auroit vu à appuyer l'intérêt commun & collectif qui l'adopteroit. „

„ Si la possibilité de l'exécution de ce plan eût dépendu de la vie d'un seul homme qui n'est plus. „

„ Si depuis la mort de cet homme, on avoit constamment préparé & rassemblé tous les moyens les plus propres à concourir au succès de l'exécution méditée. „

„ Si le petit nombre & l'état des personnes qui ſont entrées dans la confidence, en aſſurant le ſecret du projet, marquent en même temps toute l'importance qu'on mettoit à le garder. „

„ Si l'exécution de ce plan devoit écarter tous les obſtacles qu'on avoit oppoſés à un arrondiſſement eſſentiel qu'on déſire. „

„ Si ce même plan, au contraire, devoit faciliter par ſon exécution ce même arrondiſſement, & le rendre déſirable à ceux mêmes qui s'y étoient les plus oppoſés, par d'autres arrondiſſemens de la même convenance, & les différens rapprochemens des poſſeſſions éparſes des différens Etats des Princes de l'Empire Germanique. „

„ Si l'arrangement ſtable & définitif des affaires de Hollande, avec les prétentions reſpectives qui y ſont annexées, étoit remis à l'exécution du même plan. „

„ Si le concours ſingulier de toutes les circonſtances intérieures & extérieures d'un pays, étoit, ou paroiſſoit du moins le plus favorable à l'exécution de ce qu'on auroit médité. „

„ Si ce plan étoit encore dans ce moment-ci aſſez voilé, pour qu'une partie de ceux mêmes qui ſe ſont engagés pour y concourir efficacement, ignore le véritable objet auquel leurs forces ſont deſtinées. „

Si ce plan, ſi propre à tenter ſous l'aſpect d'utilité, étoit peut-être encore plus conforme aux grandes vues d'un prince qui y verroit la gloire d'avoir été au delà de celle du traité de Westphalie, en signalant son regne par une constitution solemnelle & fondamentale où les droits & les possessions de toutes les maisons souveraines & Etats du grand corps Germanique seroient invariablement déterminés & assurés. „

„ Si ce plan pouvoit être d'autant plus dangereux pour la puissance contre laquelle il seroit dirigé, qu'on se seroit proposé lorsque le moment seroit venu de l'annoncer publiquement, de ne le faire que comme un devoir dicté impérieusement par l'amour du bien public, & déterminé par l'équité. „

„ Si pour fixer l'opinion publique à envisager l'exécution du plan sous cet aspect, après avoir déployé tous les moyens qui seroient préparés pour exiger & arracher en cas de refus, on devoit cependant commencer par une réclamation amicale d'anciens patrimoines originaires, enlevés par la force à la foiblesse, dans des tems malheureux de désunion & d'intérêts particuliers mal entendus. „

„ Si en se félicitant du retour de la concorde entre le chef & tous les membres, on se déclaroit formellement, en indiquant & spécifiant des objets très considérables, dont le recouvrement seroit jugé indispensable par le corps collectif qui auroit si longtems souffert de cette *avulsion*. „

„ Si ce n'étoit qu'à la condescendance

qu'on marqueroit pour ces especes de restitutions indiquées, qu'on dût offrir de confirmer la conservation de jouissance, & la possession de ce qu'on ne réclameroit pas. „

„ Si enfin toutes ces suppositions possibles, étoient au moment de se réaliser, & qu'elles fussent destinées à être la matiere des négociations de l'hyver où nous allons entrer. „

„ Quelle seroit la réponse de la puissance à laquelle la réclamation s'adresseroit? „

„ On l'ignore. Mais on pense qu'il y auroit encore un moyen de la prévenir & d'en éluder l'embarras, en en rendant responsable dans le moment même, la puissance qui auroit le plus essentiellement concouru à la formation de cette ligue, & employé ses finances à en assurer le succès. „

„ C'est sur l'Angleterre qu'il conviendroit de réunir toute son activité, quand on le peut encore, & qu'il est à *prévoir* qu'avant peu, les moyens qu'on auroit de le faire, auront forcément une autre destination. „

„ *Charles XII* pouvoit être étonné de la ligue du Nord; il jugea qu'elle étoit trop bien formée pour la diviser; il marcha au Dannemarck. Ce qu'il fit sur le Sund, est peut-être ce qu'il y a à faire sur la Tamise; l'état actuel de la marine françoise & le nom des commandans dans lesquels le Roi a placé sa confiance, éleveroient d'autant plus la confiance nationale, dans un moment de crise aussi intéressante que celle qui vient d'être discutée, que les succès sur cet élément peuvent être assez rapides pour forcer la même main qui auroit fait le mal à y appliquer le remede. „

P. S. Si aucune de ces suppositions n'étoit vraie, ce seroit peut-être encore ce qu'il y auroit de mieux à faire.

MANIFESTE

de la Porte Ottomane contre la Russie.

„ Après qu'en l'année 1774, la considération de la tranquillité & du repos public des deux empires eût fait préférer la paix entre la Sublime Porte & la cour de Russie, cette derniere n'a cessé depuis cette époque de mettre en avant différentes propositions peu amicales, onéreuses & contraires aux traités & conventions subsistant entre les deux nations : Elle a non-seulement envahi à l'improviste la Crimée dont l'indépendance avoit fait la base de la paix de Kaynardgy, & en vertu de laquelle on étoit convenu expressément, que pour prévenir tout différent entre les deux cours, on ne se permettroit de part & d'autre, ni ouvertement, ni secretement aucun fait qui pût donner atteinte aux articles ſtipulés dans ledit traité ; mais encore la cour de Ruſſie a gagné & excité le Kan de Teflis à ſe ſouſtraire à la dépendance & à ſon état de vaſſal de la Porte, en faiſant occuper même la ville de Teflis par des troupes Ruſſes & en troublant ainſi la Géorgie & les frontieres des environs ſans témoigner aucun égard aux plaintes & remontrances réïtérées qui lui avoient été faites à ce ſujet de la part de la Sublime Porte. „

„ Dans le même traité, la libre exportation, du ſel des ſalines d'où les habitans d'Oczakow, ainſi que ceux des frontieres ont tiré leurs proviſions depuis un tems immémorial, avoit été formellement ſtipulée en faveur de ces habitans ; Cependant ils en ont été conſtamment empêchés juſqu'ici par les avanies & les vexations qu'ils ont eu à eſſuyer de la part des Ruſſes, malgré les repréſentations fréquentes qui leur ont été faites à ce ſujet. „

„ De plus la cour de Ruſſie a manifeſté en pluſieurs autres occaſions ſes mauvaiſes intentions envers la Porte Ottomane, comme en ſe refuſant abſolument à la réclamation conforme aux traités, que celle-ci lui avoit faite de la perſonne de l'Hoſpodar de Moldavie, transfuge des Etats du grand-Seigneur, & qui, après que ſon évaſion avoit été concertée & facilitée par le conſul Ruſſe, a trouvé un azile & une retraite aſſurée dans ceux de Ruſſie. En établiſſant en outre des conſuls en Valachie, en Moldavie, dans les Isles & autres lieux, sans la moindre nécessité apparente, uniquement pour porter préjudice aux marchands Mahométans & débaucher les sujets de la sublime Porte, dont ces consuls ont fait passer un grand nombre en Russie, où ils sont employés ou dans la marine ou dans d'autres départemens de cet empire. Enfin en se mêlant sans nécessité dans les affaires intérieures de notre Gouvernement, jusqu'à demander la déposition & le châtiment des Pacha, des juges, des commandans, des employés dans les douanes & même du Pacha de Cildir & des Princes de Moldavie & de Valachie. „

„ Outre cela tout le monde sait avec quelle facilité la Sublime Porte a accordé aux marchands Russes le libre & sûr exercice de leur commerce, en leur permettant de parcourir les divers lieux de l'empire à leur volonté: On connoît aussi les stipulations qui portent, que les sujets négocians de la Sublime Porte seront traités de même par une juste réciprocité: Mais la cour de Russie, pour attirer à elle tout le commerce, a obligé les sujets de la Sublime Porte au paiement d'un impôt plus fort que celui qu'elle exige des sujets des autres puissances; & les propriétaires de nos vaisseaux marchands, lorsqu'ils veulent recouvrer dans les villes russes ce qu'on leur doit, ne peuvent avoir la permission de traverser les Provinces; & de cette façon on les empêche de faire valoir leurs prétentions.

La plupart de ces marchands ont été obligés de revenir ſur leurs pas, à leur grand dommage ou à leur ruine abſolue, & on en a fait diſparoître d'autres ſans qu'on ſache ce qu'ils ſont devenus. „

„ Lorſque les négocians, ſujets de la ſublime Porte, forcés par la tempête ou par quelque beſoin, comme celui de faire aiguade, veulent s'approcher des ports de Ruſſie, on les en empêche en tirant à balle ſur leurs équipages; & on a même tiré des coups de canon ſur nos vaiſſeaux qui vont & viennent de Soudijoukecalé., „

„ En dernier lieu le miniſtre de Ruſſie nous a excités à la guerre, en inſiſtant, *ex officio* auprès de la Sublime Porte, pour qu'elle rendît une piece qui contient avec tous ſes autres articles, celui qui concerne le Kan de Teſtis; avec menace, en cas de refus, que le prince *Potemkin*, à la tête de 60 à 70 mille hommes alloit s'approcher de nos frontieres pour nous forcer à l'exécution de ladite demande, & que l'impératrice de Ruſſie y viendroit en perſonne. Comme la notification d'un pareil ordre donné au général *Potemkin* de s'approcher de nos frontieres avec une ſi grande armée, eſt la répétition de la même conduite que tint la cour de Ruſſie, lors de l'invaſion de la Crimée, cette notification de ſa part, ajoutée aux précédentes démarches, contraires à l'amitié, a fait perdre confiance en elle, & a manifeſté ſes mauvaiſes intentions. Et comme la principale cauſe de çe manque de confiance venoit de ce que la Crimée restoit au pouvoir de la Russie, la Sublime Porte a témoigné à son ministre le désir de consolider l'amitié entre les deux cours, moyennant qu'en vertu d'un nouveau traité de paix la Crimée fût remise dans le même état où elle étoit auparavant. Le ministre de Russie fit à cette proposition une réponse absolument négative ; ajoutant qu'il n'écriroit point là dessus à sa cour, attendu qu'il n'en résulteroit aucun effet, & qu'elle ne pouvoit ni renoncer à la Crimée, ni accorder les articles qu'elle avoit déjà refusés. „

„ Par ces raisons & par d'autres sans nombre, tant publiques que secretes, la guerre est devenue pour les Musulmans un devoir religieux & indispensable. „

„ C'est pourquoi on a jugé à propos de faire parvenir ce manifeste au respectable, estimé & notre ancien ami sincere, le roi de...., afin de notifier & faire connoître à notre dit ami, la détermination que la Sublime Porte a prise de faire la guerre à la cour de Russie ; détermination qu'on soumet à sa mûre considération, accompagnée d'un regard de discrétion & d'équité. „

Obſervation du 26 Octobre 1787.

„ Sans entrer dans le détail des griefs acceſſoires que la Porte déduit dans ce manifeſte, on fixe particulierement ſon attention ſur les trois motifs principaux qui paroiſſent avoir eſſentiellement déterminé les dernieres réſolutions du Divan. „

„ Ces trois motifs ſont, l'invaſion improviſte de la Crimée, l'inſurrection du Czar *Héraclius*, & enfin l'exigence impérieuſe faite *ex officio* par le miniſtre Ruſſe au nom de ſa ſouveraine, avec menace en cas de refus, de la faire ſoutenir par le prince *Potemkin* à la tête d'une armée de 60 ou 70 mille hommes. „

„ C'eſt ſur cette derniere notification qu'il paroît que la Sublime Porte a jugé qu'il étoit indiſpenſablement de ſon honneur & de ſa religion de déclarer la guerre à la Ruſſie. „

„ A la notoriété des deux premieres de ces imputations, on ne peut guere douter que la troiſieme ne ſoit également vraie. Il eſt au moins vraiſemblable que *Catherine II* accoutumée à la longue déférence du miniſtere Ottoman à toutes ſes volontés, a mis dans ſa derniere propoſition le ton comminatoire qui, juſqu'à ce moment, lui avoit ſi bien réuſſi, & dans ce cas, il paroîtroit auſſi fort naturel, que l'orgueil du Divan eût été aſſez révolté de cette der-

humiliation, pour prendre de lui-même, une résolution vigoureuse, sans avoir besoin d'y être aiguillonné par aucune cour étrangere. „

„ On conçoit cependant, que dans l'état présent des affaires de l'Europe, cette grande levée de bouclier dans le Levant, devant nécessairement avoir des relations avec tout ce qui se prépare au Nord & au couchant, les ministres de toutes les puissances de l'Europe à Constantinople, & surtout ceux de France & d'Angleterre doivent avoir suivi cet événement avec autant d'activité que d'attention. „

„ Il paroît même impossible que MM. de *Choiseul* & *Ainslie*, éclairés sur le reflet qu'auroient nécessairement les dispositions où ils voyoient le Divan. (au moins depuis quelque tems) n'ayent employé toute leur adresse à les tourner à l'avantage des vues de leurs cours respectives. „

„ Il est donc plus que probable que des moyens incitatifs ont été employés avec succès sur l'esprit du Visir & des autres ministres de la Porte par l'un ou l'autre des deux ambassadeurs; & dans ce cas, il est encore très simple que l'un ou l'autre ait assez habilement dérobé sa marche, pour se mettre au dessus du reproche que les deux cours impériales auroient à faire à celle qui auroit excité la Porte à la guerre. „

„ C'est sous le voile qui couvre encore dans ce moment-ci MM. de *Choiseul* & *Ains-*

lie, qu'eſt caché le véritable inſtigateur, (s'il y en a eu un) & il importeroit d'autant plus de lever ce voile, que cette découverte, malgré l'éloignement apparent des rapports, pourroit découvrir en même tems de très grands deſſeins, avec leſquels les motifs qui ont déterminé la conduite de l'un ou de l'autre des deux miniſtres, ont néceſſairement une correſpondance qui doit être d'un très grand intérêt. „

„ Pour ſe dégager de l'incertitude où jettent les imputations & les déſaveux reſpectifs que ſe renvoyent les deux cours & les deux Miniſtres, l'obſervateur de bonne foi croit devoir s'appuyer de quelques réflexions qu'il juge les plus propres à l'approcher de la vérité. „

„ Il remarque d'abord, que l'époque du Manifeſte eſt préciſément celle où une grande partie des troupes autrichiennes ſe portoit dans les Pays-Bas; que ces troupes rendues à leur deſtination, (tel que pût être le motif qui auroit déterminé leur marche) y ſeroient ou un objet d'inquiétude, ou au moins une occaſion de dépenſe pour la puiſſance limitrophe, par les meſures proportionnelles qu'exigeroit un voiſinage de cette nature & il préſume avec quelqu'apparence, qu'une réſolution qui devoit faire prendre à l'Empereur celle de faire rétrograder ces mêmes troupes vers le Danube, étant le moyen le plus naturel pour prévenir les inquiétudes & les dépenſes qu'elles auroient néceſſairement occasionnées sur l'Escaut, il est vraisemblable que le ministre de la cour qui devoit gagner à ce changement de direction, doit être celui qui de préférence auroit influé sur la déclaration subite de la Porte, (si tant est que l'un des deux y ait eu effectivement part) & il est clair que cet objet à remplir ne pouvoit pas regarder la cour de Londres, au lieu qu'il pouvoit être fort intéressant à la France. „

„ Si par un concours bisarre, mais cependant possible, les deux ambassadeurs se trouvoient avoir été par la même route, à un but différent, ce rafinement de politique de la part du cabinet de Saint-James, en rentrant dans la marche qu'on a déjà indiquée, n'écarteroit pas encore tout à fait le soupçon de ce que M. de *Choiseul* auroit fait de son côté, pour seconder sans le vouloir, son antagoniste. „

„ On observe surtout, que le manifeste (au moins à en juger par les papiers publics) a été remis d'abord à l'ambassadeur de France, comme au ministre de l'*ancien*, respectable, estimé & *sincere* allié de la Porte. „

„ Deux de ces dénominations, & particulierement la derniere paroîtroit convenir à la France exclusivement à l'Angleterre: surtout lorsqu'il est question d'une déclaration de guerre contre la Russie, & que le Divan n'ignorant pas que dans celle qui a fini par le traité de Kaynardgi, c'est dans la marine angloise que la flotte russe avoit pris quelques-uns de ses officiers, que c'est dans les ports Britanniques à son passage dans la Manche, qu'elle avoit trouvé des Pilotes expérimentés & qu'elle s'étoit pourvue de tous les avitaillemens qui lui avoient été nécessaires pour son expédition de l'Archipel, il a dû présumer que les mêmes ports seroient encore ouverts à la même puissance dans la guerre présente, & qu'elle y trouveroit les mêmes secours; il faut avouer que ces procédés se concilient difficilement avec ceux d'une alliance & d'une amitié *sincere*.

„ D'un autre côté, quoique l'intérêt que la France a pris dans tous les tems & dans tous les cas aux affaires de Turquie, n'ait pas toujours été parfaitement en évidence, qu'il y ait même eu un moment, où la politique de cette cour avoit exigé d'elle, qu'elle joignît un corps de ses troupes à celles de la maison d'Autriche, & que ce corps même ait effectivement concouru alors au gain de la bataillle de Saint-Gothard, on ne peut ignorer que le vœu intérieur du cabinet françois n'a jamais cessé d'être pour la Porte; & la part qu'a eue l'ambassadeur de cette nation, il y a déjà quelques mois, dans la distribution qui a été faite d'officiers françois, principalement du génie & de l'artillerie, dans les villes d'Oczakow, d'Orsowa, & même de Belgrade; les écoles assez publiques que des françois ont tenues à Constantinople même, pour former des soldats, & surtout des artilleurs, sans parler de plusieurs marins auxiliaires qui se sont répandus sur quelques-uns des vaisseaux Turcs, dévoilent trop clairement dans ce moment même, le dégré de confiance qui doit être entre le cabinet de Versailles & le Divan, pour qu'on puisse raisonablement s'y méprendre. „

„ On sait parfaitement bien que ces sortes de secours ne sont pas publiquement avoués, mais la tolérance seule suffiroit pour déceler la *sincérité de l'alliance* qui tolere avec autant d'indulgence un zele qui peut être aussi utile. „

„ il est difficile, en considérant ces dispositions respectives, d'hésiter sur le côté d'où peut être venue l'influence.

„ C'est d'après ces observations, que dès les premieres nouvelles du parti que la Porte avoit pris, on avoit indiqué (*) la part que la France pouvoit avoir eue à ce retour inattendu de vigueur, & la lecture réfléchie du manifeste n'est pas propre à détruire cette opinion. „

(*) Page 72.

TABLE
DES MATIERES
Du premier Volume.
LETTRES.

MEMOIRES.

NOTES

ET

OBSERVATIONS.

ERRATA

Du premier volume.

Page	Ligne	
3	28	ne leur reprochât, *liſez* elle ne leur reprochât.
27	26	de ſon peuple Belgique *liſez* de ſes ſujets Belgiques.
28	7	ce mot *liſez* le mot.
29	24	ſon nouvel allié, *liſez* ſa nouvelle alliée.
68	31	ſi importantes *liſez* ſi impoſantes.
69	7	Hulſtetaxel *liſez* Hulſt & Axel.
69	19	une partie de ceux *liſez* une partie des ſoldats.
78	26	aſſez marquans *liſez* trop marquans.
79	1 & 2	rapprochées *liſez* rapprochés
85	11	de Septembre *liſez* 12 Décembre.
89	17	12 d'Octobre *liſez* 12 de Décembre.
92	28 & 29	convient *liſez* convînt.
97		partiels *liſez partial.*
101	27	ces anciens *liſez* ſes anciens
140	9	la voie, *liſez* la voix.
154		ont agi *liſez* en ont agi.
155		s'y rendre *liſez* pour s'y rendre.
163	1 & 7	avoir *liſez* y avoir eu
163	23	étant bien *liſez* eſt bien

Page	Ligne	
174 .	34 .	eſſentiels *liſez* éventuels.
184 .	30 .	obſtacles *liſez* les obſtacles.
207 .	13 .	facilité *liſez* faciliter.
225 .	8 .	qui ait opéré *liſez* qui eût operé
227 .	2 .	marquent *liſez* marquoient.
233 .	.	Kan de Teltis *liſez* Teflis.
238 .	3 & 4	auroit influé *liſez* a influé.

www.ingramcontent.com/pod-product-compliance
Ingram Content Group UK Ltd.
Pitfield, Milton Keynes, MK11 3LW, UK
UKHW022043190726
13855UKWH00002B/396